AVA VERLAG

Süßes Allgäu

Liebe Kochbegeisterte,
sehr geehrte Genießer,

die Allgäuer Küche wiederzuentdecken, mit vielen jahrhundertalten Mehlspeisen, den leckeren Strudeln, Aufläufen, Schmarren, Kompotten, Schmalzgebackenem und Krapfen, war meine Intention für dieses Buch.

Unser wunderschönes Allgäu verzaubert mich mit seiner traumhaften Landschaft und seinen leckeren Speisen.

Schon in jungen Jahren wurde ich von der Allgäuer Küche inspiriert und habe mein Hobby zum Beruf gemacht. Seither backe und koche mit Leidenschaft und Liebe.

Ich wünsche Ihnen recht viel Spaß beim Nachbacken und -kochen, jederzeit ein gutes Gelingen und natürlich viel Freude beim Genießen unseres »Süßen Allgäus«.

Ihre Rita Brinz

Frau Rita Brinz wünscht Ihnen viel Spaß mit dem »Süßen Allgäu«.

Inhalt

Süße Hauptspeisen

Allgäuer Pfannkuchen mit Apfelmus 11
Apfelkrapfen 13
Arme Ritter 15
Aufgezogene Flädle mit Quark 17
Dampfnudeln 19
Grießschnitten 21
Heidelbeer-Milchreis-Lasagne 23
Reiberdatschi mit Apfelmus 25
Rohrnudeln 27
Versoffene Jungfer 29
Zwetschgenjungfer 31
Zwetschgenknödel 33

Aufläufe und Strudel

Apfelauflauf 37
Apfelstrudel 39
Aprikosenquark-Auflauf 41
Grießauflauf 43
Kirschenauflauf 45
Kirschenstrudel 47
Ofenschlupfer 49
Quarkstrudel mit Kirschen 51
Reisauflauf 53
Rhabarber-Quark-Auflauf 55
Rhabarber-Reis-Auflauf 57
Scheiterhaufen mit Äpfeln 59
Zwetschgenstrudel 61

Schmarren

Apfelschmarren 65
Birnenschmarren 67
Heidelbeerschmarren 69

Kaiserschmarren ... 71
Kirschenschmarren ... 73
Quarkschmarren ... 75
Zwetschgenschmarren ... 77

Kompott

Apfelkompott ... 80
Apfel-Zwetschgen-Kompott ... 81
Apfelmus ... 82
Birnenkompott ... 83
Heidelbeerkompott ... 84
Holundermus ... 85
Kirschenkompott ... 86
Rhabarberkompott ... 87
Sauerkirsch-Sahne-Kompott ... 88
Zwetschgenkompott ... 89

Schmalzgebackenes

Apfelküchle ... 93
Faschingskrapfen ... 95
Gezogene Küchle ... 97
Hefepfannkuchen ... 99
Hobelspäne ... 101
Holunderblütenküchle ... 103
Nonnenfürzle ... 105
Polsterzipfel ... 107
Quarkschupfnudeln ... 109
Salbeiküchle ... 111
Strauben ... 113
Wespennester ... 115

Desserts

Apfel-Tiramisu ... 119
Apfeltaschen ... 121
Aprikosen-Rahm-Creme ... 123
Beerentraum ... 125
Bratapfel ... 127
Brombeer-Joghurt-Creme ... 129
Buttermilch- & Schoko-Creme-Nockerl an Beerenspiegel ... 131
Erdbeer-Quark-Becher ... 133
Erdbeercreme roh gerührt ... 135
Erdbeer-Prosecco-Creme ... 137
Erdbeer-Tiramisu ... 139
Grießflammerie ... 141
Heidelbeer-Joghurt-Creme ... 143

Joghurt-Flocken-Schaum an Beerenspiegel 145
Joghurtmousse an Beerenspiegel 147
Johannisbeermousse-Törtchen 149
Lauwarmes Käseküchle auf Himbeerspiegel 151
Pfirsichsekt-Traum 153
Sahnemousse an Beerenspiegel 155
Schokocreme an Beerenspiegel 157
Schwarzwälder Kirschbecher 159
Tiramisu mit Kirschen 161

Ist nichts anderes angegeben, reicht die angegebene Rezeptmenge für 4 Personen. Bei Gerichten, die man sowohl als Hauptspeise als Dessert servieren kann, gilt i.d.R.: Als Hauptspeise reichen die Zutaten für 4, als Dessert für 8 Personen.

Auf diesen Rezeptseiten finden Sie eine ausführliche Beschreibung:

- Wie man Gelatine richtig verarbeitet (Aprikosen-Rahm-Creme, Seite 123).
- Wie man Hefeteig zubereitet (Dampfnudeln, Seite 19).
- Wie man (Strudel-)Teig abschlägt (Apfelstrudel, Seite 39).

Abkürzungen:

EL = Esslöffel

g = Gramm

gem. = gemahlen

kg = Kilogramm

l = Liter

Min. = Minuten

ml = Milliliter

Msp. = Messerspitze

P. / Pck.= Päckchen

Pr. = Prise

St. = Stück

TK = Tiefkühl

TL = Teelöffel

Süße Hauptspeisen

Allgäuer Pfannkuchen
mit Apfelmus

Zutaten:

200 g Mehl
1 Päckchen Vanillepudding
2 gestr. TL Backpulver
1 Prise Salz
1 TL Zucker
500 ml Milch
3 Eigelb
3 Eiweiß
Butterschmalz für die Pfanne
etwas Puderzucker

Mehl mit Puddingpulver und Backpulver in eine Schüssel sieben. Salz und Zucker dazugeben. Milch nach und nach unter Rühren hinzugießen und zu einem glatten Teig verarbeiten. Eigelb unterrühren. Anschließend steif geschlagenes Eiweiß unterheben. Butterschmalz in einer Pfanne erhitzen, eine dünne Lage Teig hineingeben und anbacken. Pfannkuchen auf beiden Seiten fertig backen. Mit Puderzucker bestreuen.

Tipp

Sehr gut passt dazu selbstgemachtes Apfelmus (siehe Seite 82) oder ein Kirschkompott (siehe Seite 86).

Apfelkrapfen

Zutaten
für den Teig:

250 g Mehl
1 Prise Salz
1 Ei
evtl. 1 EL Öl

Für die Fertigstellung:

ca. 150 g Butter
ca. 500 g Äpfel
etwas Zucker, Zimt
250–350 ml Milch
etwas Zitronenschale
1 P. Vanillezucker
etwas Puderzucker

Das Mehl mit dem Salz, dem Ei, 10 EL Wasser und evtl. Öl zu einem geschmeidigen Nudelteig verarbeiten. Den Teig ca. 15 Minuten unter einer warmen Schüssel ruhen lassen und danach zu einem großen dünnen Fladen ausrollen und mit etwas flüssiger Butter bestreichen. Äpfel schälen, entkernen und durch den Röstihobel hobeln. Den Fladen mit den geraspelten Äpfeln belegen. Auf die Äpfel etwas Zucker, Zimt und flüssige Butter geben und einrollen. Jede Rolle in 4–6 cm lange Teile schneiden. Die Apfelkrapfen in eine Kasserolle stellen und im vorgeheizten Backofen bei 180 Grad Umluft etwa 30 Minuten langsam oben goldgelb und knusprig werden lassen. Dann die heiße und mit Zitronenschale, Zucker, Zimt und Vanillezucker abgeschmeckte Milch darübergießen, sodass die Krapfen mit der Milch fast bedeckt sind und in 25–35 Minuten aufziehen lassen. Aus dem Backofen nehmen, zudecken und noch ca. 15 Minuten durchziehen lassen. Die Apfelkrapfen auf einen Teller legen und mit Puderzucker besieben.

Tipp

Eine Vanillesoße (siehe Seite 37) passt sehr gut zu den Apfelkrapfen.

Arme Ritter
mit Erdbeeren

Zutaten:
- *250 ml Milch*
- *etwas Zucker*
- *3 EL Cream Sherry*
- *8 Scheiben Weißbrot vom Vortag*
- *3 Eier*
- *Butterschmalz*
- *etwas Zimt*
- *500 g Erdbeeren*
- *etwas Zitronensaft*
- *etwas Puderzucker*

Die erwärmte Milch mit 2 EL Zucker und Sherry verrühren. Das Weißbrot damit übergießen, wenden und kurz durchziehen lassen, bis die gesamte Flüssigkeit aufgesogen ist. Eier am besten in einem tiefen Teller verquirlen und das Weißbrot darin vorsichtig wenden. Butterschmalz erhitzen. Arme Ritter darin langsam goldbraun anbraten. In Zimt-Zucker-Mischung wenden. Erdbeeren waschen, in schöne Scheiben schneiden, zuckern und mit Zitronensaft beträufeln. Die Armen Ritter mit dem Erdbeercarpaccio anrichten und mit Puderzucker besieben.

Tipp

Zum Anrichten mit Puderzucker besieben und mit einer Vanillesoße (Seite 37) servieren.

Aufgezogene Flädle mit Quark

Zutaten für 6 Flädle:
200 g Mehl
250 ml Milch
125 ml Sahne
3 Eier
1 Msp. Salz
1 Msp. gem. Zimt
1 EL Zucker
2 EL Öl
Butterschmalz zum Backen

Für die Füllung:
40 g Butter
60 g Zucker
2 Eigelb
250 g Quark
abgeriebene Schale von 1 Zitrone
75 g Rosinen
1 TL Vanillezucker
3 Eiweiß

Für die Fertigstellung:
250 ml Milch
1 Eigelb
1 TL Vanillezucker
20 ml brauner Rum
etwas Butter für die Form

Für die Flädle das Mehl mit den übrigen Zutaten zu einem glatten Teig rühren. Kurz zugedeckt ruhen lassen, damit er quellen kann. In einer mit Butterschmalz ausgestrichenen Pfanne 6 Flädlepfannkuchen backen. Für die Füllung die Butter mit Zucker schaumig rühren. Nach und nach die angegebenen Zutaten unterrühren. Steif geschlagenes Eiweiß zum Schluss unterziehen. Die Masse nun gleichmäßig auf den Pfannkuchen verteilen, aufrollen und diese in eine leicht gebutterte Auflaufform oder Kasserolle legen.
Wenn Füllung übrig bleibt, diese über die Pfannkuchen streichen. Für den Guss die Milch mit Eigelb, Vanillezucker und Rum verquirlen und über die Pfannkuchen gießen. Im vorgeheizten Backofen auf mittlerer Schiene bei 180 Grad Umluft 20 Minuten backen.

Tipp

Dampfnudeln reagieren auf rückfallende Hitze äußerst empfindlich und müssen sofort serviert werden. Mit Puderzucker bestreuen und mit Vanillesoße anrichten.
Das Rezept dazu finden Sie auf Seite 37.
Noch einige Tipps zum Hefeteig: Salz und Fett nicht direkt mit der Hefe in Verbindung bringen, um die Gärung nicht zu behindern. Niemals heiße Milch zur Hefe dazugeben, sondern immer nur lauwarme Milch.

Dampfnudeln

Zutaten für den Hefeteig:

250 g Mehl
1 Prise Salz
½ Würfel frische Hefe
100 ml Milch, evtl. auch weniger
25 g Zucker
2 Eigelb
40–50 g Butter
Zitronenschale gerieben
1 Päckchen Vanillezucker

Für die Fertigstellung:

etwas Mehl zum Formen der Dampfnudeln
30 g Butter
½ EL Zucker
gut 125 ml Milch

Hefeteig von sehr feiner, weicher, zarter Beschaffenheit herstellen: In eine Schüssel das Mehl sieben. In der Mitte eine Vertiefung eindrücken. In der Vertiefung aus frischer, zerbröckelter Hefe, 1 EL Zucker und einigen EL lauwarmer Milch ein »Dämpferl« anrühren. Kurz gehen lassen. Anschließend mit allen Zutaten vermischen und mit dem Knethaken der Küchenmaschine ca. 15 Minuten kneten. Mit einem Tuch bedeckt etwa 30 Minuten gehen lassen bis er etwa das Doppelte seines Volumens erreicht hat.
Für die Dampfnudeln braucht man einen flachen Topf mit Deckel oder eine feuerfeste Form mit einem gut schließenden Deckel. Mit einem Esslöffel etwa 8 Dampfnudeln abstechen, rund formen und auf bemehltem Brett mit einem Tuch bedeckt nochmals gehen lassen. Im Topf Butter mit Zucker und Milch erwärmen. Gegangene Nudeln in die warme, aber nicht kochende Flüssigkeit einsetzen. Deckel auflegen. Bei allmählich zunehmender, mittlerer, aber nicht hoher Hitze zum Kochen bringen. Anfangs bei mäßiger, dann bei schwacher Hitze etwa 40 Minuten garen, bis alle Flüssigkeit eingezogen ist. Während der Garzeit darf der Deckel nicht abgenommen werden, da Wasserdampftropfen die Dampfnudeln zerstören. Den Topf an der Herdseite noch 2 Minuten stehen lassen, dann erst den Deckel abnehmen.

Grießschnitten

Zutaten
für die Grießschnitten:

1 l Milch
1 Prise Salz
20–40 g Butter
30–50 g Zucker
geriebene Zitronenschale
3 P. Vanillezucker
200 g grober Grieß
1–2 Eier
evtl. 1 Vanilleschote

Für die Fertigstellung:

etwas Butterschmalz
2 Eier
etwas Vanillezucker
etwas Zimt

Milch, Salz, Butter, Zucker, geriebene Zitronenschale und Vanillezucker zum Kochen bringen. Wer will, kann noch eine ausgestrichene Vanilleschote dazutun. Grieß einstreuen und daraus einen steifen Grießbrei kochen. Noch heiß die Eier darunter mengen. Den Brei sofort in eine flache, kalt ausgespülte, viereckige Kasserolle oder in eine kalt ausgespülte Kastenform geben und dick ausstreichen. Das Ganze erkalten lassen und in ca. 1 cm dicke Schnitten schneiden. Butterschmalz in einer Pfanne erhitzen. Eier verquirlen, mit Vanillezucker und ein wenig Zimt abschmecken. Die Schnitten auf allen Seiten durch die abgeschmeckte Eiermasse ziehen und in der Pfanne sofort bei mittlerer Hitze langsam und goldgelb ausbacken.

Tipp

Zum Servieren mit Puderzucker und Zimt-Zucker bestäuben.
Dazu passt jede Art von Kompott.

Heidelbeer-Milchreis-Lasagne

Für 6 Personen

Zutaten für den Milchreis:

1 l Milch
Salz
1 P. Vanillezucker
200 g Milchreis
800 g Quark
3 Eigelb
2 Eier
100 g Zucker
evtl. etwas Zitronenschale

Für die Heidelbeer-Masse:

300 g Heidelbeeren
1 Zimtstange
3 EL Zucker
1 P. Vanillezucker
1 EL Stärkemehl

Für die Fertigstellung:

250 g Lasagneplatten
gehobelte Mandeln
Puderzucker
Fett für die Form

Für den Milchreis zuerst Milch mit Salz und Vanillezucker zum Kochen bringen. Milchreis einstreuen und in 25–35 Minuten bei niedriger Hitze zu einem Brei kochen und abkühlen lassen. Den Reisbrei mit Quark, Eigelb, Eier und Zucker mischen und evtl. noch mit Zitronenschale und Vanillezucker abschmecken. Für die Heidelbeer-Masse die Heidelbeeren mit 125 ml Wasser, Zimt, Zucker und Vanillezucker in einem Topf aufkochen lassen. Angerührtes Stärkemehl dazugeben und zum Kochen bringen. Etwa 30 Sekunden aufkochen lassen. Anschließend Zimtstange wieder entfernen. Auflaufform fetten. Auf dem Boden der Auflaufform eine Schicht Reis-Quark-Masse verteilen. Darauf die Lasagneplatten verteilen. Die folgende Schicht mit dem Heidelbeerkompott füllen. Beide Schichten noch einmal mit den Lasagneplatten wiederholen. Zuletzt den Auflauf mit einer dünnen Reisschicht abdecken. Auf diese gehobelte Mandeln und reichlich Puderzucker streuen. Im Heißluftherd bei 180 Grad Umluft ca. 45 Minuten backen.

Reiberdatschi mit Apfelmus

Zutaten:
250 g Quark
750 g Kartoffeln
2–3 Zwiebeln
2 Eier
2 EL Stärkemehl
Petersilie
Salz nach Belieben
Butterschmalz für die Pfanne

Quark mit den rohen, geschälten und geriebenen Kartoffeln verrühren. Zwiebeln in feine Würfel schneiden. Die gewürfelten Zwiebeln, Eier, Stärkemehl und gewiegten Petersilie unter die Quark-Kartoffel-Masse geben. Mit Salz abschmecken. Mit Butterschmalz in einer Pfanne bei mittlerer Hitze goldbraun herausbacken.

Tipp

Dazu passt sehr gut Apfelmus und Zimt-Zucker. Nicht zu langsam backen, da die Reiberdatschi sonst zu viel Fett aufsaugen. Die geriebenen Kartoffeln sofort unter die Quarkmasse mischen. Beim Braten dicke Reiberdatschihäufchen setzen, sie werden dann nicht zu fett, weil sie dann nicht so viel Fett aufsaugen. Den Teig immer ganz frisch zubereiten, denn bei längerem Stehen wird der Teig braun.

Rohrnudeln

Zutaten für den Hefeteig:

500 g Mehl
1 Prise Salz
1 P. Trockenhefe oder 1 Würfel frische Hefe
200 ml Milch
50 g Zucker
3 Eigelb
80–100 g Butter
Zitronenschale, gerieben
1 P. Vanillezucker

Für die Fertigstellung:

100 g Butter zum Backen
1 Ei zum Bestreichen
Puderzucker zum Servieren

Sehr feinen, mittelfesten Hefeteig herstellen. Zugedeckt ca. 30 Minuten lauwarm in einer Schüssel gehen lassen, bis er die doppelte Menge erreicht hat. Butter in einer Bratreine schmelzen lassen. Teig in 12 gleich große Stücke teilen, diese zu gleichmäßigen Teigkugeln formen und die Rohrnudeln in der flüssigen Butter von allen Seiten wälzen. Nicht zu eng aneinander in die Bratreine setzen. Geformte Rohrnudeln nochmals zugedeckt ca. 20 Minuten an einem warmen Ort gehen lassen. Mit verquirltem Ei bestreichen. Ofen auf 180 Grad Umluft vorheizen. Rohrnudeln in etwa 25–35 Minuten goldbraun backen. Nach dem Backen in der Form kurz abdämpfen lassen. Auf das Backbrett stürzen, auseinanderreißen und auf einer Platte anrichten. Mit Puderzucker bestäuben.

Tipp

Wie Sie einen Hefeteig herstellen können, finden Sie ausführlich auf Seite 19 (Rezept Dampfnudeln). Dazu schmeckt sehr gut Vanillesoße. Das Rezept dazu finden Sie auf Seite 37. Zum Anrichten gibt man dann in die Mitte des Tellers Vanillesoße und platziert die Rohrnudel darauf. Man kann Rohrnudeln kalt oder warm servieren. Sehr gut schmeckt auch Heidelbeermus dazu. Dazu püriert man 50 g Heidelbeeren aus dem Glas in einem Mixer.

Versoffene Jungfer

Zutaten für den Teig:
6 trockene Semmeln
3 Eigelb
2 EL Zucker
abgeriebene Zitronenschale
500 ml Milch

Für die Fertigstellung:
1 EL Milch
2 Eier
8 EL Semmelbrösel
125 g Butterschmalz zum Herausbacken
Puderzucker

Für den Glühwein:
500 ml Rotwein
1 Zimtstange
2 Gewürznelken
2–3 EL Zucker

Die Semmeln in Scheiben schneiden. Eigelb mit Zucker, Zitronenschale und lauwarmer Milch verquirlen und über die Semmeln gießen. 30 Minuten durchziehen lassen. Dabei Semmeln mehrmals wenden, sie sollen durch und durch feucht sein. Zum Panieren Milch mit den Eiern verquirlen. Semmeln darin wenden und in den Semmelbröseln panieren. Butterschmalz in der Stielpfanne erhitzen. Die Semmeln langsam von allen Seiten goldbraun backen. Für den Glühwein den Rotwein mit Zimtstange, Gewürznelken und Zucker erhitzen. Die Zimtstange und Nelken wieder entfernen. Die gebackenen panierten Semmeln auf einer vorgewärmten Platte anrichten und den heißen Glühwein vorsichtig darübergießen. Mit Puderzucker bestäuben und evtl. mit dem restlichen Glühwein sofort servieren.

Tipp

Mit Zimt/Zucker, evtl. Kompott oder einer Punschsoße servieren.
Statt der Semmeln kann man auch weißes Toastbrot oder weißes, in Scheiben geschnittenes Kastenbrot verwenden.

Zwetschgenjungfer

Zutaten:

400 g weiße Toastbrotscheiben
250 g dickes Zwetschgenmus
125 ml Milch zum Anfeuchten
etwas Zucker
Zitronenschale von ½ Zitrone
1 Päckchen Vanillezucker
2 Eier
1 EL Milch
100 g Semmelbrösel
80 g Butterschmalz zum Herausbacken
Zimt/Zucker
Puderzucker zum Bestreuen

Toastbrotscheiben dick mit Zwetschgenmus bestreichen. Je 2 Scheiben zusammensetzen und andrücken. Milch mit Zucker, Zitronenschale und Vanillezucker mischen. Die Scheiben auf beiden Seiten leicht mit der aromatisierten Milch beträufeln. Etwas einziehen lassen. Die Eier mit 1 EL Milch verquirlen. Die Doppelscheiben zuerst in verquirltem Ei und dann in Semmelbröseln panieren. In der Stielpfanne Butterschmalz erhitzen, bei mäßiger Hitze auf beiden Seiten goldbraun backen. Auf Küchenkrepp abtropfen lassen. Anrichten und mit Zimt/Zucker und Puderzucker bestreuen. Heiß servieren.

Tipp

Als Beilage passt sehr gut eine Fruchtsoße oder Zwetschgenkompott.
Statt Zwetschgenmus kann man auch gekochte und pürierte Dörrzwetschgen oder Zwetschgenmarmelade verwenden.

Zwetschgenknödel

Zutaten:
60 g Butter
1 Prise Salz
1 EL Zucker
3 Eigelb
500 g Quark
3 Eiweiß
200 g Semmelbrösel
etwas Zimt-Zucker
8 Zwetschgen
8 Stück Würfelzucker

Für den Teig aus Butter, Salz, Zucker und Eigelb eine sehr gute Schaummasse rühren. Dazu muss man lange rühren. Den Quark dazurühren. Den steif geschlagenen Eischnee und 150 g Semmelbrösel zusammen unterheben. Dann die restlichen Semmelbrösel ohne Fett in einer Pfanne goldgelb rösten und Zimt-Zucker daruntergeben. Abkühlen lassen. Salzwasser aufsetzen und zum Kochen bringen. Zwetschgen entsteinen. Jede Zwetschge zur Hälfte aufschneiden und mit einem Würfelzucker füllen. Aus dem Teig Klöße formen, in die Mitte eine Zwetschge geben und nochmals nachformen. Dann in kochendes Salzwasser geben, den Herd auf mittlere Hitze zurückschalten und etwa 15 Minuten ziehen lassen. Klöße aus dem kochenden Wasser nehmen, im Schaumlöffel gut abtropfen lassen und in den gerösteten Bröseln wenden.

Tipp

Dieses Rezept kann auch sehr gut mit Aprikosen (Marillenknödel) gemacht werden.
Am besten serviert man die Knödel mit Vanillesoße.
Das Rezept finden Sie auf Seite 37.

Aufläufe und Strudel

Apfelauflauf mit Vanillesoße

Zutaten:
300 g Knödelbrot (ca. 7 Semmeln)
450 ml Milch
750 g Boskop-Äpfel
Saft von 1 Zitrone
50 g weiche Butter
190 g Zucker
2 TL Zimt
250 g Sauerrahm (oder Crème fraîche)
7 Eier
3 EL Paniermehl
30 g Butterflöckchen
Butter für die Form

Die in feine Scheiben geschnittenen Semmeln in eine Schüssel geben und mit der Milch übergießen und durchziehen lassen. Äpfel schälen und fein reiben. Zitronensaft darübergießen und 60 g Zucker mit 1 TL Zimt dazugeben. Den Sauerrahm mit 3 Eiern verrühren, 50 g Zucker und Zimt dazugeben. Aus Butter, 80 g Zucker und 4 Eigelb eine Schaummasse rühren und die eingeweichten Semmel unterrühren. 4 Eiweiß steif schlagen und der Schaummasse unterheben. Die Hälfte von der Masse in eine gebutterte Auflaufform geben, die Äpfel darauf verteilen und danach mit der Masse bedecken. Nun die Eier-Sahne-Creme darübergeben. Den Auflauf mit Paniermehl bestreuen und die Butterflöckchen daraufgeben. Bei 180 Grad Umluft ca. 45 Minuten backen.

Tipp

Eine Vanillesoße passt am besten dazu. Dazu 1 EL Stärke mit wenig Milch und einem Eigelb anrühren. 250 ml Milch mit 2 EL Zucker und Mark einer Vanilleschote zum Kochen bringen. Die angerührte Eigelbstärke hineinrühren und aufkochen lassen. 30 Sekunden unter ständigem Rühren kochen lassen. Abkühlen lassen.

Tipp

Das Rezept für die Vanillesoße finden Sie auf Seite 37 (Rezept Apfelauflauf.) Auch lauwarm mit etwas Sahne und evtl. noch einer Vanilleeiskugel schmeckt der Apfelstrudel sehr gut. Mit Vanillesoße servieren.

Apfelstrudel

Zutaten
für den Strudelteig:

250 g Mehl
2 EL Öl
1 Ei
125 ml lauwarmes Wasser
1 EL Essig
1 Prise Salz

Für die Füllung:

1,5 kg säuerliche Äpfel
50 g Sultaninen
50 g Mandeln, gehackt
etwa 100 g Zimt-Zucker
evtl. etwas Sahne und Zitronenschale für den Geschmack

Für die Fertigstellung:

120 g Butter
evtl. Semmelbrösel

Für den Strudelteig die Zutaten mit dem elektrischen Rührgerät (Knethaken) zu einem weichen und geschmeidigen Teig verarbeiten. Den Teig mit den Handballen tüchtig abschlagen. Abschlagen heißt, den Teig zu einem Laib formen und mehrfach mit viel Schwung auf das Backbrett werfen, bis er ganz glatt, elastisch und zart ist. Anschließend den Teig als Kugel formen und diesen mit wenig Öl bestreichen. Eine Metallschüssel mit heißem Wasser ausspülen, über die Teigkugel stülpen und den Teig mindestens eine halbe Stunde ruhen lassen, damit er leichter zum Ausziehen geht. Den Teig auf dem Backbrett ausrollen. Strudelteig mit dem Handrücken weiter ausziehen, auf ein sauberes Küchentuch legen und hauchdünn, ohne Löcher, flachziehen.

Die Hälfte der flüssigen Butter auf die Teigplatte streichen. Evtl. mit wenig Semmelbrösel bestreuen. Ungeschälte Äpfel werden entweder blättrig geschnitten, gehobelt oder durch den Röstihobel geraspelt. Die Äpfel auf dem Teig verteilen. Sultaninen, Mandeln, Zimt-Zucker und Zitronenschale darüberstreuen. Die Teigränder einschlagen, mithilfe des Küchentuches aufrollen und auf ein gefettetes Blech gleiten lassen. Den Strudel mit der restlichen flüssigen Butter bestreichen und bei 180 Grad Umluft ca. 45 Minuten backen. Vor dem Anrichten den gebackenen Strudel kurz ruhen lassen und servieren.

Aprikosen-Quark-Auflauf

Zutaten:
50 g Butter
60 g Zucker
3 Eigelb
500 g Quark
5 EL Grieß
Saft und Schale von 1 Zitrone
3 Eiweiß
1 Dose Aprikosen
Mandelblättchen oder Mandelstifte
Butterflocken
Fett für die Form

Butter schaumig rühren. Zucker und Eigelb dazurühren, sodass es eine schöne Schaummasse gibt. Quark, Grieß, Zitronensaft und -schale unterrühren. Zum Schluss den steifgeschlagenen Eischnee unter die Auflaufmasse heben. Aprikosen abtropfen lassen. Eine Auflaufform fetten. Die Masse einfüllen. Die abgetropften Aprikosen, Mandelblättchen und Butterflocken darauf verteilen und bei 180 Grad Umluft ca. 45–60 Minuten backen.

Tipp

Dazu passen Kompotte.

Grießauflauf

Zutaten:
1 l Milch
1 Prise Salz
2 Vanilleschoten
etwas Vanillezucker
2 Zitronenspiralen
200 g Grieß
80 g Butter
80 g Zucker
4 Eigelb
etwas geriebene Zitronenschale
60 g Sultaninen
4 Eiweiß
Fett für die Form
Butterflocken
etwas Puderzucker

Milch mit Salz, ausgekratzter Vanilleschote und 1 EL Vanillezucker zum Kochen bringen. Zur Geschmacksverbesserung die Zitronenspiralen und die Vanilleschote zum Mitkochen in die kalte Milch geben und vor dem Einrühren des Grießes wieder entfernen. Grieß in die kochende Milch einstreuen und zu einem dicken Brei ca. 10–15 Minuten kochen. Den Brei auskühlen lassen. Schaummasse aus Butter, Zucker und Eigelb herstellen. Dann den abgekühlten Brei löffelweise unterrühren. Geriebene Zitronenschale, Sultaninen und Vanillezucker unterheben. Zuletzt den steifgeschlagenen Eischnee unterheben. Masse in eine gefettete Auflaufform füllen, mit Butterflocken belegen und bei 180 Grad Umluft ca. 45–60 Minuten backen. Zum Schluss mit Puderzucker bestäuben und noch warm zu Tisch geben.

Tipp

Mit Kompott oder Fruchtsoße servieren. Wenn man die Zitrone wie einen Apfel schält, bekommt man eine Zitronenspirale. Mit der gleichen Zubereitung kann einfach ein toller Apfel-Grieß-Auflauf gezaubert werden. In die Auflaufform eine Schicht Auflauf geben, dann eine Schicht vorbereitete geschnetzelte Äpfel geben und mit einer Schicht Auflauf enden. Mit Apfelkompott servieren.

Kirschenauflauf

Zutaten
für den Auflauf:

4 alte Semmeln
375 ml Milch
60 g Butter
75 g Zucker
1 P. Vanillezucker
2 Eigelb
25 g Mehl
1 gestrichener TL Backpulver
2 gestrichene TL gemahlener Zimt
500 g Sauerkirschen (Glas oder frisch, entsteint)
60 g gem. Haselnüsse
2 Eiweiß
1 Msp. Salz
Butter für die Form

Für den Auflauf die Semmeln in dünne Scheiben schneiden, in Milch einweichen und etwa eine halbe Stunde stehen lassen. Butter, Zucker, Vanillezucker und Eigelb schaumig schlagen. Das Mehl mit Backpulver und Zimt vermengen und unter die Buttermischung rühren. Den Teig unter die eingeweichten Semmelscheiben heben. Kirschen abtropfen lassen und mit den Nüssen vorsichtig unter die Masse heben. Das Eiweiß mit Salz steifschlagen und locker unter den Teig heben. Eine Auflaufform mit Butter ausstreichen und die Masse hineinfüllen.
Die zerlassene Butter mit Zimt, Zucker und Semmelbröseln verrühren und auf den Auflauf streichen. Bei 180 Grad Umluft ca. 25–30 Minuten garen. Mit Puderzucker besieben.

Für die Fertigstellung:

40 g Butter
½ TL gemahlener Zimt
1 TL Zucker
1 TL Semmelbrösel
Puderzucker

Tipp

Schmeckt am besten mit Vanillesoße.
Das Rezept dazu finden Sie auf Seite 37.

Kirschenstrudel

Zutaten:
1 Glas Sauerkirschen (850 g)
3 EL Stärke
100 g Zucker
1 TL Zimt
1 Packung Blätterteig (aus dem Kühlregal)
Butter für das Backblech
etwas Puderzucker

Kirschen aus dem Glas in ein Sieb abgießen. Den Saft auffangen, in einen Topf geben und zum Kochen bringen. Zwischenzeitlich die Stärke mit etwas Fruchtsaft kalt anrühren. Zimt und Zucker dazugeben. Sobald der Fruchtsaft zum Kochen kommt, die angerührte Stärke unterrühren und aufkochen lassen. Anschließend Kirschen daruntergeben und abkühlen lassen. Die gebundenen Kirschen in die Mitte des Blätterteiges geben. Erst die untere Blätterteighälfte über die Kirschen klappen. Anschließend die obere Blätterteighälfte nach unten über die Kirschen klappen. Mit der Schnittkante nach unten auf ein gebuttertes Backblech legen. Im auf 200 Grad Umluft vorgeheizten Ofen etwa 30 Minuten backen. Nach dem Backen abkühlen lassen und mit Puderzucker besieben. In Scheiben schneiden und servieren.

Tipp

Eine Kugel Vanilleeis passt gut dazu. Damit der Blätterteig schön aufgeht, kann man eine Schüssel mit Wasser in den Ofen stellen. Als Hauptspeise reichen die angegebenen Zutaten für 4 Personen, als Dessert für 8 Personen. Ganz von der Rolle: Kühlregal-Blätterteig ist bereits ausgerollt und aufgerollt und muss nicht noch einmal mit dem Nudelholz ausgerollt, sondern nur von der Rolle abgerollt werden.

Ofenschlupfer mit Kirschen

Zutaten:
7 alte Semmeln
500 ml Sahne
1 Glas Sauerkirschen
1 Vanilleschote
4 Eier
100 g Zucker
1 Prise Salz
100 g Mandelstifte
2 Zweige Rosmarin
Butterflöckchen
Puderzucker
Fett für die Form

Semmeln in dünne Scheiben schneiden, mit Sahne übergießen und 10 Minuten einweichen lassen. Kirschen abgießen, Vanillemark auskratzen und Eier trennen. Eigelb, Zucker und Vanillemark mit dem Handrührgerät zu einer Schaummasse rühren. Eiweiß mit Salz steif schlagen. Eigelbschaummasse mit einem Kochlöffel unter die eingeweichten Semmeln rühren. Den steif geschlagenen Eischnee mit den Kirschen und den Mandelstiften vorsichtig unter die Semmelmasse heben. Die Masse in eine gefettete Form füllen. Mit Rosmarinzweigen und Butterflöckchen belegen. Im Backofen bei 160 Grad Umluft ca. 50 Minuten backen. Mit Puderzucker besieben.

Tipp

Geht genauso gut auch mit Milchbrötchen oder einem Zopf.
Dazu passt sehr gut Vanillesoße oder eine Kugel Vanilleeis.
Das Rezept für die Vanillesoße finden Sie auf Seite 37.

Tipp

Dazu passt Kompott oder eine Kugel Vanilleeis. Wundern Sie sich über den Essig im Teig? Der gibt dem Teig keinerlei Geschmack, macht ihn aber elastischer.

Quarkstrudel

Zutaten für den Strudelteig:

250 g Mehl
2 EL Öl
1 Ei
125 ml Wasser (lauwarm)
1 EL Essig
1 Prise Salz
etwas Öl zum Bestreichen
Fett für das Backblech

Für die Füllung:

90 g Butter
150 g Zucker
4 Eigelb
1 Zitronenschale gerieben
1 kg Quark
4 Eiweiß
50 g Sultaninen
Puderzucker

Zutaten mit dem elektrischen Rührgerät (Knethaken) zu einem weichen und geschmeidigen Teig verarbeiten. Den Teig mit dem Handballen tüchtig kneten und abschlagen, bis er glatt und elastisch ist. Anschließend den Teig zu einer Kugel formen und diese mit wenig Öl bestreichen. Den Teig mindestens eine halbe Stunde unter einer Metallschüssel ruhen lassen. Für die Füllung 40 g Butter, Zucker und Eigelb schaumig rühren. Zitronenschale und Quark zugeben. Eiweiß steifschlagen und unterheben sowie die gewaschenen Sultaninen unterheben. Den Strudelteig auf einem Backbrett ausrollen. Strudelteig mit dem Handrücken weiter ausziehen, auf ein sauberes Küchentuch legen und flachziehen. Restliche Butter schmelzen. Etwas von der flüssigen Butter auf die Teigplatte pinseln und ein Backblech fetten. Nun das Küchentuch mit dem ausgezogenen Teig auf das Backblech legen und vorsichtig mit der Fülle bestreichen. Die Teigränder auf 3 Seiten einschlagen. Die offene obere Seite vorsichtig mit Hilfe des Küchentuches aufrollen und mit der Schnittkante auf das Backblech rollen lassen. Einen eckig verschiebbaren Tortenrand um den Strudel stellen und straff um den Strudel zusammenschieben. Den Strudel mit dem Rest der flüssigen Butter bestreichen und bei 180 Grad Umluft ca. 45 Minuten backen. Vor dem Anrichten den gebackenen Strudel fast abkühlen lassen, damit er sich schön schneiden lässt und mit Puderzucker besieben.

Reisauflauf

Zutaten
für den Milchreis:

- *1 l Milch*
- *1 Prise Salz*
- *2 Zitronen*
- *2 Vanilleschoten*
- *1 EL Vanillezucker*
- *200 g Milchreis*

Für die Fertigstellung:

- *80 g Butter*
- *80 g Zucker*
- *4 Eigelb*
- *etwas geriebene Zitronenschale*
- *etwas Vanillezucker*
- *60 g Rosinen*
- *3 Eiweiß*
- *30 g Butter für Form und Flocken*
- *Puderzucker*

Milch mit Salz und Zitronenschalenspiralen zum Kochen aufsetzen. Ausgeschabte Vanilleschote und Vanillezucker mitkochen. Wenn die Milch kocht, Zitronenspiralen entfernen und Milchreis in die kochende Milch einstreuen. Auf niedrige Hitze zurückschalten und Brei 25–35 Minuten – ohne viel zu rühren – kochen. Brei auskühlen lassen. Aus Butter, Zucker und Eigelb Schaummasse herstellen und den abgekühlten Brei löffelweise unterrühren. Geriebene Zitronenschale, Vanillezucker und Rosinen nach Belieben untermischen. Zuletzt den steifen Eischnee unterheben. Masse in eine gefettete Form füllen, mit Butterflocken belegen und 45–60 Minuten bei 180 Grad Umluft backen. Mit Puderzucker bestäuben und sofort zu Tisch geben.

Tipp

Mit Kompott oder Soße servieren. Wenn man die Zitrone wie einen Apfel schält, bekommt man eine Zitronenspirale. So lässt sich die Zitronenschale leicht aus der kochenden Milch entfernen. Der Auflauf schmeckt auch lecker mit Äpfeln. Dazu in die Auflaufform eine Schicht Auflauf, dann eine Schicht vorbereitete geschnetzelte Äpfel und wieder eine Schicht Auflauf geben und mit Apfelkompott servieren.

Rhabarber-Quark-Auflauf

Zutaten:
1 Zitrone
100 g Zwieback
250 g Rhabarber
2 Eier
150 g Zucker
2 P. Vanillezucker
500 g Quark
1 Prise Backpulver

Den Zitronensaft auspressen. Den Zwieback in der Küchenmaschine zerbröseln oder in einen Tiefkühlbeutel geben und mit dem Nudelholz zerdrücken. Den Rhabarber putzen, schälen und in kleine Stücke schneiden. Die Eier trennen. Eiklar zu steifem Schnee schlagen. Die Dotter mit 100 g Zucker schaumig rühren. Zuerst 1 Packung Vanillezucker und Zitronensaft, dann Quark, Zwiebackbrösel und Backpulver unterrühren. Den Schnee vorsichtig unterheben. Die Hälfte der Masse in eine Auflaufform füllen. Den Rhabarber darauf verteilen. Mit dem restlichen Zucker und Vanillezucker bestreuen und mit der restlichen Quarkcreme bedecken. Im 180 Grad Umluft heißen Backofen ca. 45 Minuten backen. Dann noch 5 Minuten im ausgeschalteten Rohr stehen lassen. Sofort servieren.

Rhabarber-Reis-Auflauf

Zutaten:
500 ml Milch
30 g Butter
1 Prise Salz
150 g Rundkornreis
500 g Rhabarber
4 Eier
100 g Zucker
abgeriebene Schale von 1 Zitrone
Fett für die Form
3 EL Mandelblättchen
etwas Puderzucker

Die Milch mit der Butter und dem Salz zum Kochen bringen und den gewaschenen Reis einstreuen. Bei geringer Hitze 30–45 Minuten quellen lassen. Wenn der Reis weich ist, abkühlen lassen. Inzwischen den Rhabarber waschen, schälen und die Stangen in ca. 4 cm lange Stücke schneiden. Die Eier mit dem Zucker schaumig schlagen. Zitronenschale, abgekühlten Reis und Rhabarberstücke unterheben. Alle in eine gefettete Auflaufform füllen und mit den Mandelblättchen bestreuen. In den kalten Backofen stellen und bei 180 Grad Umluft ca. 50 Minuten backen. Mit Puderzucker bestreuen.

Tipp

Dazu passt Kompott. Statt Rundkornreis kann man auch Milchreis verwenden.

Scheiterhaufen mit Äpfeln

Zutaten:
7 weiße Semmeln
4 Äpfel
2 EL Zimt-Zucker
1 l Milch
1 P. Vanillepudding
Zucker nach Belieben
2 Eier
Fett für die Form

Die Semmeln dünn und blättrig schneiden. Äpfel waschen, vierteln, entkernen und dünn hobeln. Auflaufform fetten. Darin dünne Schicht Semmelscheiben verteilen. Darauf kommt eine Apfelschicht. Das Ganze wiederholen und mit einer Schicht Semmeln abschließen. Zimt-Zucker darüberstreuen. Milch mit Puddingpulver, Zucker und Eiern verrühren. Das Ganze über die Schichtmasse geben. Bei 180 Grad Umluft 1 Stunde backen.

Tipp

Dazu schmeckt super eine Vanillesoße oder ganz einfach ein Vanilleeis.
Das Rezept für die Soße finden Sie auf Seite 37.

Tipp

Dazu passt sehr gut Vanillesoße oder 1 Kugel Vanilleeis. Wundern Sie sich über den Essig im Teig? Der Essig gibt dem Teig keinerlei Geschmack, macht ihn aber elastischer. Als Hauptspeise reichen die Zutaten für 4 Personen, als Dessert für 8 Personen.

Zwetschgenstrudel

Zutaten für den Strudelteig:

250 g Mehl
2 EL Öl
1 Ei
125 ml Wasser (lauwarm)
1 EL Essig
1 Prise Salz
Öl zum Bestreichen

Für die Füllung:

1 kg Zwetschgen
140 g Butter
100 g Semmelbrösel
5 EL Zucker

Für die Fertigstellung:

etwas Mehl zum Ausrollen
Puderzucker

Für den Strudelteig Zutaten mit dem elektrischen Rührgerät (Knethaken) zu einem weichen und geschmeidigen Teig verarbeiten. Den Teig mit den Handballen tüchtig abschlagen, bis er glatt und elastisch ist. Den Teig mit wenig Öl bestreichen mindestens eine halbe Stunde unter einer warmen Metallschüssel ruhen lassen. Danach den Strudelteig auf einem großen bemehlten Tuch möglichst dünn ausrollen. Den Teig anschließend von der Mitte aus über beide Handrücken nach allen Seiten dehnen, bis er papierdünn und ohne Löcher ist. Den ausgezogenen Teig auf ein Tuch legen. Den Backofen auf 180 Grad Umluft vorheizen.

Für die Füllung die Zwetschgen waschen, entsteinen und vierteln. Die Butter zerlassen, 2 EL davon zurückbehalten, den Rest mit den Semmelbröseln mischen und zwei Drittel des ausgezogenen Teiges mit dem Butter-Brösel-Gemisch bestreichen. Die Zwetschgen gleichmäßig darauf verteilen und mit dem Zucker bestreuen. Die seitlichen Ränder einschlagen. Den noch unbelegten Teig mit etwas von der flüssigen Butter bestreichen und den Strudel durch Anheben des Tuches von der belegten Seite an zu einer Rolle formen. Den Strudel auf das Backblech legen, mit der restlichen Butter bestreichen und 40 Minuten bei 180–200 Grad Umluft im Ofen backen. Den Strudel mit Puderzucker besieben. Leicht abkühlen lassen oder auch kalt servieren.

Schmarren

Apfelschmarren

Zutaten für 2 Portionen:

80 g Mehl
125 ml Milch
3 Eier
1 EL Zucker
1 Prise Salz
2 Äpfel
Butterschmalz zum Anbacken
1 EL Sultaninen
etwas Butter
etwas Zimt-Zucker
etwas Puderzucker

Aus Mehl, Milch, Eiern, Zucker und Salz einen Teig herstellen. Äpfel schälen, entkernen und in dünne Spalten schneiden. Die Hälfte der Apfelstücke im Kreis in der Pfanne anrichten und in Butter leicht anbraten. Die Hälfte des Teiges darübergießen und Hitze reduzieren. Etwas anziehen lassen, danach die Sultaninen darüberstreuen. Den Apfelpfannkuchen auf beiden Seiten hellbraun backen und zerreißen. Das geht am besten mit zwei Holzpfannenwendern. Zum Schluss nochmals ein Stück Butter sowie Zimt-Zucker dazugeben. Kurz zugedeckt durchziehen lassen. Die zweite Portion ebenso zubereiten. Vor dem Servieren mit Puderzucker bestäuben.

Tipp

Wer keine Sultaninen mag, lässt sie einfach raus.
Statt Butter kann man auch Butterschmalz verwenden.
Den Schmarren backt man in zwei Portionen.

Birnenschmarren

Zutaten
für 2 Portionen:

80 g Mehl
125 ml Milch
3 Eier
1 EL Zucker
1 Prise Salz
2 Birnen
Butterschmalz zum Ausbacken
etwas Butter
etwas Zimt-Zucker
etwas Puderzucker

Aus Mehl, Milch, Eiern, Zucker und Salz einen Teig herstellen. Birnen schälen, entkernen und in dünne Spalten schneiden. Die Hälfte der Birnenstücke in der Pfanne im Kreis anrichten und in Butter leicht anbraten ca. 5 Min. Die Hälfte des Teiges darübergießen. Hitze reduzieren und etwas anziehen lassen. Den Birnenpfannkuchen auf beiden Seiten hellbraun backen und zerreißen. Das geht am besten mit zwei Holzpfannenwendern. Zum Schluss ein Stück Butter sowie Zimt-Zucker dazugeben. Kurz zugedeckt durchziehen lassen. Die zweite Portion ebenso zubereiten. Vor dem Servieren mit Puderzucker bestäuben.

Tipp

Den Schmarren backt man in zwei Portionen.

Heidelbeerschmarren

Zutaten:
200 g Mehl
1 P. Vanillepudding
2 gestr. TL Backpulver
3 Eigelb
1 Prise Salz
500 ml Milch
etwas Zucker
3 Eiweiß
500 g frische Heidelbeeren
Butterschmalz
zum Backen
etwas Puderzucker

Aus Mehl, Puddingpulver, Backpulver, Eigelb, Salz, Milch und 1 TL Zucker einen Teig herstellen. Eiweiß steif schlagen und unter den Teig ziehen. Heidelbeeren waschen, gut abtropfen lassen. Fett in einer Stielpfanne erhitzen. Eine 1 cm hohe Teiglage eingießen, leicht anbacken lassen, Hitze leicht reduzieren, ein Viertel der vorbereiteten Heidelbeeren daraufstreuen, zugedeckt noch kurz anbacken lassen. Heidelbeerschmarren wenden und zweite Seite auch leicht anbacken lassen. Dann zu Schmarren zerstechen und unter mehrmaligem Wenden gut durchbacken. Fertigen Schmarren in geschlossenem Topf, nach Belieben mit wenig Zucker bestreuen, bei schwacher Hitze kurz durchziehen lassen. Die Zutatenmenge ergibt vier Portionen. Somit viermal die obigen Schritte wiederholen, bis der Teig und die Beeren aufgebraucht sind.

Tipp

Dazu Apfel- oder Zwetschgenkompott reichen. Mit Zimt-Zucker servieren und nach Belieben mit Puderzucker bestreuen. Besonders beliebt sind auch Preiselbeeren. Die Sultaninen kann man eventuell in dem Rum marinieren.

Kaiserschmarren

Zutaten:

300 g Mehl
6 Eigelb
500 ml Milch
2 EL Puderzucker
1 Prise Salz
50 g Butter
80 g Sultaninen
2 EL Rum
6 Eiweiß
100 g Butterschmalz

Mehl mit Eigelb, Milch, Puderzucker und Salz zu einem glatten Teig rühren. Zerlassene lauwarme Butter, gebrühte, gut abgetropfte Sultaninen und Rum unterrühren. 20 Minuten quellen lassen, zuletzt sehr steifen Eischnee unterziehen. Den Schmarren bäckt man in 3–4 Portionen. Dazu etwas vom Butterschmalz in einer Stielpfanne erhitzen. Etwa 1 cm hohe Teiglage eingießen. Zu dünne Teiglagen ergeben einen zähen Schmarren. Goldbraun anbacken lassen. Hitze reduzieren, wenden und die andere Seite ebenfalls leicht anbacken lassen. Dann mit zwei Gabeln in kleine Stücke reißen, etwas frisches Butterschmalz dazugeben und unter beständigem Wenden rasch fertig backen. Mit dem restlichen Teig ebenso verfahren. Schmarren auf heißer Platte anrichten.

Wichtig: Die Stücke sollen zart bleiben und nicht trocken werden. Bei größeren Mengen kann man den fertigen Schmarren in einem geschlossenem Topf, mit wenig Zucker bestreut, bei schwacher Hitze im Ofen durchziehen lassen.

Kirschenschmarren

Zutaten für 2 Portionen:

80 g Mehl
125 ml Milch
3 Eier
1 Prise Salz
½ TL Zimt
etwas Zucker
Butterschmalz oder Butter zum Backen
20 Stück entsteinte, frische Kirschen
etwas Puderzucker

Aus Mehl, Milch, Eiern, Salz, Zimt und 1 EL Zucker einen Teig herstellen. Butterschmalz oder Butter in der Pfanne erhitzen. Den Teig ca. 1,5 cm hoch eingießen, leicht anbacken lassen. Hitze reduzieren. Die Hälfte der Kirschen darauf gleichmäßig verteilen. Auf beiden Seiten backen. Den Kirschpfannkuchen mit zwei Gabeln zerreißen, nochmals Butter und Zucker dazugeben, durchschwenken und kurz in der Pfanne zugedeckt ziehen lassen. Mit den restlichen Zutaten ebenso verfahren. Mit Puderzucker bestäuben.

Tipp

Den Schmarren backt man in zwei Portionen.

Quarkschmarren

Zutaten:
100 g Sultaninen
4 EL Orangenlikör
6 Eier
500 g Quark
Zitronenschale von 1 Zitrone
4 EL Zucker
1 P. Vanillezucker
60 g gemahlene Mandeln
160 g Mehl
100 g Butter
etwas Puderzucker

Die Sultaninen im Orangenlikör marinieren. Die Eier trennen. Eigelb mit Quark, Zitronenschale, 2 EL Zucker, Vanillezucker und Mandeln sorgfältig verrühren, dann das Mehl unterarbeiten. Eiweiß steifschlagen und locker unterheben, zum Schluss Sultaninen unterziehen. Die Hälfte der Butter in einer großen Pfanne erwärmen. Die Hälfte des Teigs hineingeben und so lange bei milder Hitze stocken lassen, bis die Unterseite etwas gebräunt ist. Eventuell Hitze reduzieren. Den Teig mithilfe von 2 Gabeln in Stücke zerrupfen, die Stücke wenden. Die übrige Butter darübergeben und auch den Zucker. Weiter garen, bis die Teigstücke braun sind und der Zucker karamellisiert ist. Mit dem restlichen Teig ebenso verfahren. Mit Puderzucker bestäubt servieren.

Tipp

Dazu passt am besten Apfel- oder Birnenkompott.
Den Schmarren backt man in zwei Portionen.

Zwetschgenschmarren

Zutaten:
300 g Mehl
3 Eier
etwas Salz
500 ml Milch
500 g–1 kg Zwetschgen
Butterschmalz zum Backen
etwas Zucker
etwas Puderzucker

Aus Mehl, Eiern, Salz und Milch einen Teig herstellen, Zwetschgen waschen, entsteinen und gut abtropfen lassen. Fett in Stielpfanne erhitzen. Vorbereitete Zwetschgen halbieren. Einige davon ringsum in die Pfanne legen und leicht mit Zucker bestreuen. Etwa 4 Minuten bei reduzierter Hitze mit dem Zucker karamellisieren lassen. Eine ca. 1 cm dicke Teiglage darauf-gießen und zugedeckt anbacken lassen. Zwetschgenschmarren wenden, und zweite Seite auch leicht anbacken lassen. Dann zu Schmarren zerstechen und unter mehrmaligem Wenden gut durchbacken. Fertigen Schmarren in geschlossenem Topf nach Belieben mit wenig Zucker bestreuen und bei schwacher Hitze kurz durchziehen lassen. Mit Puderzucker bestreuen und servieren.

Tipp

Den Schmarren backt man in drei bis vier Portionen.

Kompott

Apfel-kompott

Zutaten:
- *4 Boskop-Äpfel*
- *4 EL Zucker*
- *1 Zimtstange*
- *2 Zitronenschnitze*

Die Äpfel schälen, entkernen und in Schnitze schneiden. Dann 500 ml Wasser mit dem Zucker, Zimtstange und Zitronenschnitze aufkochen, die Äpfel dazugeben. Nochmals einmal mit Äpfeln aufkochen. Anschließend ca. 5 Minuten bei niedriger Hitze köcheln lassen. Auskühlen lassen.

Apfel-Zwetschgen-Kompott

Zutaten:
500 ml Wasser
½ Zimtstange
1 Nelken
2 Zitronenschnitze
ca. 300 g Äpfel, geschält, entkernt, geachtelt
ca. 300 g Zwetschgen, entsteint, halbiert
3–4 EL Zucker

Wasser mit Zimtstange, Nelken und Zitronen zum Kochen bringen. Äpfel und Zwetschgen zufügen und Zucker nach Belieben hineingeben. Nochmal aufkochen und anschließend ca. 5 Minuten bei niedriger Hitze köcheln lassen. In eine Schüssel geben und auskühlen lassen.

Tipp

Für Zitronenschnitze wird die Zitrone – genauso wie bei Apfelschnitzen – geviertelt oder geachtelt.

Apfelmus

Für das Apfelmus die Äpfel schälen, entkernen, achteln und in einen Topf geben. So viel Wasser hinzufügen, bis die Äpfel knapp bedeckt sind. Das Ganze zusammen mit etwas Zucker, der halben Zitrone und der Zimtstange einmal aufkochen lassen und dann so lange weiter köcheln lassen, bis die Äpfel ganz weich sind. Danach Zitrone und Zimtstange entfernen, etwas Saft abgießen und den Rest mit dem Stabmixer fein pürieren.

Zutaten:

4 große, säuerliche Äpfel
etwas Zucker
½ Zitrone
1 Zimtstange

Tipp

Man kann anstelle der ganzen Menge Wasser auch ein Drittel Weißwein nehmen.

Birnenkompott

Zutaten:
3 Birnen
250 ml Weißwein
250 ml Birnensaft
ausgekratzte Vanilleschote
etwas Zitronenschale
40 ml Holunderblütensirup
Zucker nach Belieben

Die Birnen schälen, entkernen und in Spalten schneiden. Weißwein, Birnensaft, Vanilleschote, Zitronenschale, Holunderblütensirup und Zucker aufkochen. Birnenspalten dazugeben. Anschließend bei niedriger Temperatur 5 Minuten köcheln lassen und nicht zu weich dünsten. Birnenkompott auskühlen lassen.

Tipp

Statt Birnensaft kann man auch Apfelsaft verwenden.

Heidelbeerkompott

Zutaten:

250 ml Johannisbeersaft
½ EL Stärkemehl
250 g Heidelbeeren
evtl. Zucker

Ein paar Esslöffel Johannisbeersaft mit der Stärke anrühren. Restlichen Saft zum Kochen bringen und die angerührte Stärke dazugeben, bis die Masse andickt. Dann Heidelbeeren dazugeben und kurz umrühren. Evtl. mit Zucker abschmecken.

Tipp

Die Heidelbeeren können frisch, aber auch TK-Ware sein.
TK-Heidelbeeren länger köcheln lassen.

Holundermus

Zutaten:
600 g Holunderbeeren
1 Zimtstange
2 EL Mehl
250 ml Milch
Zucker nach Belieben

Einen Topf mit 500 ml Wasser, Zucker und Zimtstange aufstellen und die Beeren gleich hinzugeben. Aufkochen lassen und 15–20 Minuten bei mittlerer Hitze köcheln lassen. Anschließend Mehl und Milch in einer extra Schüssel anrühren und zu den Beeren gießen. Bis zu der gewünschten Konsistenz binden und nochmals aufkochen lassen. Zum Schluss noch Zucker je nach Geschmack hinzugeben.

Kirschen-kompott

Zutaten:
500 g Kirschen
250 ml Kirschsaft
1 gehäufter EL Stärkemehl
1 EL Honig
1 Zimtstange

Die Kirschen waschen, entstielen und entkernen. Drei Esslöffel vom Kirschsaft mit Stärkemehl verrühren, den restlichen Kirschsaft gemeinsam mit den Kirschen, dem Honig und der Zimtstange in einem Topf aufkochen lassen und etwa 5 Minuten köcheln lassen, bis die Kirschen weich sind. Kirschen herausnehmen. Verrührtes Stärkemehl zugeben und etwas eindicken lassen. Zimtstange nach dem Kochen entfernen. Kirschen in das gebundene Kompott geben und gekühlt servieren.

Rhabarberkompott

Zutaten:
100 ml Wasser
200 ml Apfelsaft
200 g Zucker
1 Stange Zimt
3 Gewürznelken
1 Vanilleschote
500 g Rhabarber

Wasser mit Apfelsaft, Zucker, Zimtstange, Nelken und Vanilleschote zum Kochen bringen. Den Rhabarber in ca. 3 cm breite Stücke schneiden, hinzugeben und vorsichtig bissfest garen. Die Rhabarberstückchen herausfischen und ins Eiswasser geben, damit die Rhabarberstückchen rasch abkühlen und nicht zerfallen. Anschließend wieder in den kalten Sud geben.

Tipp

Der Saft kann bei Bedarf mit etwas angerührter Stärke abgebunden werden.

Sauerkirsch-Sahne-Kompott

Zutaten:
1 Glas Sauerkirschen (680 ml)
1 EL Stärkemehl
125 ml Sahne
1 EL Zucker
1 P. Vanillezucker

Das Glas Sauerkirschen abtropfen lassen. Den Kirschsaft auffangen, in einen Topf geben und zum Kochen bringen. Stärkemehl mit Sahne anrühren. Wenn der Kirschsaft kocht, die angerührte Stärke einrühren und aufkochen lassen und etwa 30 Sekunden kochen lassen. Die Kirschen dazugeben, mit Zucker und Vanillezucker süßen und abkühlen lassen.

Tipp

Allgäuer Pfannkuchen (siehe Seite 10-11) sind mit selbstgemachtem Sauerkirschkompott ein echter Traum! Genauso gut kann man Holunderkompott dazu reichen. Die Herstellung des Holunderkompottes ist die gleiche wie beim Sauerkirschkompott, nur dass man die frischen Holunderbeeren mit kaltem Wasser zusetzt und dann aufkochen lässt. Der restliche Vorgang ist wie beim Sauerkirschkompott.

Zwetschgenkompott

Zutaten:

520 g Zwetschgen (mit Stein gewogen)
150 g Zucker
Zimt, gemahlen
Nelken, gemahlen
400 ml Wasser
evtl. 1 Zitronensaft und Abrieb

Zwetschgen waschen, halbieren, entsteinen und in einen großen Topf geben. Zucker zugeben, mit Zimt und Nelken würzen und alles gut verrühren. 400 ml Wasser dazugeben, einmal aufkochen lassen, danach bei schwacher Hitze köcheln lassen, bis die Zwetschgen weich und etwas zerkocht sind. Evtl. mit Zitronensaft und Abrieb verfeinern. Zwetschgenkompott gut gekühlt servieren.

Tipp

Auch ein gebundenes Zwetschgenkompott schmeckt sehr fein. Dazu einfach 1–2 EL Speisestärke mit etwas Wasser verrühren. Die gekochten Zwetschgen wie oben absieben, den Zwetschgensud zum Kochen bringen, die angerührte Speisestärke unter Rühren in den Sud geben und mindestens 30 Sekunden aufkochen lassen. Anschließend die Zwetschgen wieder in das gebundene Kompott geben und abkühlen lassen.

Schmalz-
gebackenes

Apfelküchle

***Zutaten
für die Apfelküchle:***

6 Äpfel
200 g Mehl
1 Prise Salz
1 TL Öl
2 Eier
100 ml Bier
150 ml Milch
Puderzucker
evtl. Rum und Zucker
Fett für die Fritteuse

Für die Vanillesoße:

1 EL Stärke
250 ml Milch
1 Eigelb
2 EL Zucker
Mark einer Vanilleschote

Für die Vanillesoße Stärke mit wenig Milch und Eigelb anrühren. Restliche Milch mit Zucker und Vanillemark zum Kochen bringen. Die angerührte Eigelbstärke hineinrühren, aufkochen lassen und 30 Sekunden unter ständigem Rühren kochen lassen. Abkühlen lassen. Für die Apfelküchle Äpfel schälen, Kernhaus ausstechen und in 1 cm dicke Ringe schneiden. Wer will, kann die Ringe in Zucker und Rum durchziehen lassen. Eier trennen. Aus Mehl, Salz, Öl, Eigelb, Bier und Milch einen dicklichen Pfannkuchenteig herstellen. Eischnee steif schlagen und unterheben. Apfelringe im Teig wenden und schwimmend in sehr heißem Fett goldbraun frittieren. Heiß, mit Vanillesoße und mit Puderzucker besiebt, servieren.

Tipp

Am besten Boskop-Äpfel verwenden, da diese den säuerlichsten Geschmack haben. Statt Vanillesoße kann man die Küchle auch mit einer Kugel Vanilleeis servieren. Nicht zu viel Backgut auf einmal einlegen. Beim Nachfüllen warten, bis das Fett wieder die richtige Temperatur erreicht hat. Die ist entscheidend. Zu früh eingelegt, saugt sich der Teig stark mit Fett voll. Bei zu starker Hitze werden die Küchle nur außen braun und sind innen nicht gar.

Faschingskrapfen

Für 12–14 Stück

Zutaten für den feinen Hefeteig:

500 g Mehl
1 Prise Salz
30 g Hefe
200 ml Milch
50 g Zucker
3 Eigelb
80–100 g Butter
Zitronenschale, gerieben
1 P. Vanillezucker
Puderzucker

Zum Füllen:

Hagebuttemarmelade
Aprikosenmarmelade
Erdbeermarmelade

Hefeteig von weicher, zarter Beschaffenheit herstellen. Sehr gut abschlagen bis der Teig glatt, fein und glänzend ist. Gehen lassen. Gegangenen Teig zu einer 2,5–3 cm dicken Platte auswallen. Der Teig sollte nicht dünner sein, den sonst bekommt der Krapfen keine Rändchen. Mit einer größeren Tasse 8–10 cm im Durchmesser große Krapfen ausstechen. Krapfen noch einmal sehr gut gehen lassen, bis sie ungefähr die Hälfte größer geworden sind. Gegangene Krapfen mit der Oberseite nach unten vorsichtig ins heiße Fett legen. Das Fett sollte 150 Grad heiß sein. Nicht heißer, denn sonst wird der Krapfen außen dunkel und ist innen noch nicht durch. Den Krapfen je 5 Minuten auf jeder Seite goldgelb backen. Krapfen herausnehmen. Mit einem Spritzsack und einer Marmeladentülle die Marmelade in die Krapfen hineinspritzen. Mit Puderzucker bestäuben.

Tipp

Wenn die gegangenen Krapfen mit der Oberseite nach unten ins heiße Fett gelegt worden sind, unbedingt den Deckel der Fritteuse zumachen. Dann bekommen sie garantiert weiße Rändchen. Erst wenn sie nach 5 Minuten auf die andere Seite gedreht worden sind, den Deckel auflassen. Wie man feinen Hefeteig herstellt, können Sie ausführlich auf Seite 18–19 (Rezept Dampfnudeln) lesen.

Tipp

Mit Kompott servieren. Wie man feinen Hefeteig herstellt, können Sie ausführlich auf Seite 18–19 (Rezept Dampfnudeln) lesen.

Gezogene Küchle

Zutaten:
500 g Mehl
1 Prise Salz
30 g Hefe
200 ml Milch
50 g Zucker
3 Eigelb
80–100 g Butter
Zitronenschale, gerieben
1 P. Vanillezucker
Ausbackfett zum Frittieren
Puderzucker zum Bestreuen

Hefeteig von weicher Beschaffenheit herstellen. Sehr gut abschlagen, zugedeckt gehen lassen. Wenn er die doppelte Größe erreicht hat, vom Teig kleine Nudeln abstechen, diese wie Rohrnudeln formen, dann mit gefetteten Fingern ausziehen, indem man den Teigrand durch die Hand gleiten lässt, sodass innen ein dünnes Fenster entsteht. In ca. 180 Grad heißes Fett legen. Wenn die Unterseite goldbraun ist, vorsichtig wenden, sodass kein Fett in die Mitte des Küchleins kommt. Die andere Seite fertig backen. Das Küchlein muss innen ein weißes Fenster haben. Abtropfen lassen und mit Puderzucker bestreut anrichten.

Andere Zubereitungsmöglichkeit:
Hefeteig herstellen ohne Teig gehen zu lassen. Kleine Nudeln abstechen, diese wie Rohrnudeln formen, leicht mit Fett bestreichen, zugedeckt kurz gehen lassen, dann mit gefetteten Fingern ausziehen, indem man den Teigrand durch die Hand gleiten lässt, sodass innen ein dünnes Fenster entsteht, weiter wie oben.

Hefepfannkuchen

Zutaten:

15 g Hefe (½ Würfel)
etwa 250 ml Milch
250 g Mehl
2 Eier
½ TL Salz
½ EL Zucker
Backfett für Fritteuse
Puderzucker

Hefe in etwas lauwarmer Milch auflösen. Die restliche lauwarme Milch unter das gesamte Mehl rühren. Eier, Salz, Zucker und die aufgelöste Hefe dazugeben. Teig fest schlagen und 30 Minuten gehen lassen. Fett in der Fritteuse 150–180 Grad erhitzen. Mit Schöpflöffel Teig abstechen und ins heiße Frittierfett geben. Deckel zumachen. Nach 5 Minuten Hefepfannkuchen wenden und noch mal 5 Minuten im heißen Fett frittieren. Mit Puderzucker bestäuben.

Tipp

Dazu serviert man jede Art von Kompott oder Beerensoße.
Einen sehr dicken Teig herstellen. Trotzdem muss er noch flüssig sein.

Hobelspäne

Zutaten:
500 g Mehl
1 TL Backpulver
3 Eier
1 Prise Salz
abgeriebene Schale einer halben Zitrone
2 EL Rum
100 g Zucker
125 g Butter oder Margarine
Mehl zum Ausrollen
Frittierfett
Puderzucker

Für den Teig Mehl mit Backpulver mischen. Auf ein Backbrett oder die Arbeitsfläche geben. In die Mitte eine Mulde drücken. Da hinein kommen Eier, Salz, abgeriebene Zitronenschale und Rum. Zucker darüberstreuen, Butter in Flöckchen auf den Mehlrand setzen. Von außen nach innen schnell einen glatten Teig kneten. Teig 1 Stunde kühl stellen, erst dann verarbeiten. Auf bemehlter Arbeitsfläche knapp ½ cm dick ausrollen. Mit dem Teigrädchen oder einem Messer Streifen von etwa 10 x 3 cm schneiden und jeweils in der Mitte längs einen etwa 5 cm langen Schnitt machen. Nun ein Teigende durch den Schlitz ziehen. Fett in der Fritteuse auf 180 Grad erhitzen. Hobelspäne darin 5 Minuten hellbraun und knusprig werden lassen. Mit einem Schaumlöffel herausnehmen. Etwas abtropfen lassen und mit Puderzucker bestäuben.

Tipp

Hobelspäne schmecken besonders gut zu Kaffee oder Tee während der Faschingszeit.

Holunderblütenküchle

Zutaten:

ca. 10 Holunder-blütendolden
4 EL Mehl
125 ml Milch
4 Eier
1–2 TL Zucker
1 Prise Salz

Einen Pfannkuchenteig aus Mehl, Milch, Eiern, Zucker und Salz herstellen. Die Holunderblütendolden in kaltem Wasser waschen, in den Teig stecken, abtropfen lassen und in heißem Frittierfett goldgelb herausbacken.

Tipp

Mit Puderzucker besieben und mit Zimt/Zucker bestreuen.
Der Holunder blüht im Frühsommer.

Nonnenfürzle

Zutaten:
1 Prise Salz
50 g Butter
150 g Mehl
1 TL Backpulver
3 Eier
1 l Öl
etwas Zucker
Puderzucker

In einem kleinen Topf 250 ml Wasser mit Salz und Butter aufkochen. Vom Herd nehmen, das Mehl mit dem Backpulver auf einmal zugeben und mit dem Holzlöffel glatt rühren. Auf der Herdplatte unter starker Bearbeitung mit dem Kochlöffel abrühren, d.h. abbrennen, bis sich ein Kloß bildet und sich am Topfboden eine weiße Haut absetzt. Vom Herd nehmen und leicht auskühlen lassen. Die Eier einzeln, eines nach dem anderen, mit dem Handrührgerät unter den Teig rühren und jeweils gut unter die Masse rühren. In einem Topf oder der Fritteuse Öl auf 180 Grad erhitzen und die Nonnenfürzle mit 2 Teelöffel abstechen und nach und nach herausbacken. Aus dem Fett herausnehmen, in Zucker wenden und mit Puderzucker besieben.

Tipp

Mit Apfelmus servieren. Korrekt müsste man das Gebäck als »Nonnenfürtchen« bezeichnen, was auf das mittelniederdeutsche Wort »nunnekenfurt« zurückgeht. Übersetzt heißt das soviel wie »von den Nonnen am besten zubereitet«. Traditionell isst man Nonnenfürzle zur Fastnacht.

Polsterzipfel

Zutaten:
250 g Mehl
80 g Butter
1 Ei
1 Prise Salz
65 ml Sahne
etwas Milch
Fett für die Fritteuse

Aus den angegebenen Zutaten einen Teig kneten, dieser sollte nicht zu fest sein. Dann kurz rasten lassen, bis er kleine Bläschen wirft. Anschließend auf einer bemehlten Arbeitsfläche 3–4 mm dick ausrollen und in Rauten schneiden. In einer Fritteuse Fett auf 180 Grad erhitzen und die Polsterzipfel darin auf beiden Seiten goldgelb backen. Herausnehmen, abtropfen lassen und anrichten.

Tipp

Die warmen Polsterzipfel vor dem Servieren nach Belieben mit Puderzucker bestäuben und mit Apfelmus oder mit Glühwein servieren.

Quarkschupfnudeln

Zutaten:
250 g Quark
1 Prise Salz
2 Eier
300 g Mehl
Frittierfett

Quark, Salz und Eier miteinander vermengen. Die Hälfte des Mehls unterrühren. Den Teig aus der Schüssel nehmen, auf ein Nudelbrett geben und die andere Hälfte des Mehles unterkneten. »Fingerdicke« Nudeln wie Schupfnudeln formen und im heißen Fett bei ca. 170 Grad backen.

Tipp

Dazu reicht man Apfelkompott oder Apfelmus.

Salbeiküchle

Zutaten:

ca. 10–15 Salbeiblätter
4 EL Mehl
125 ml Milch
4 Eier
1–2 TL Zucker
1 Prise Salz

Einen Pfannkuchenteig aus Mehl, Milch, Eiern, Zucker und Salz herstellen. Die Salbeiblätter in kaltem Wasser waschen, dann in den Teig stecken, abtropfen lassen und in heißem Frittierfett goldgelb herausbacken.

Tipp

Mit Puderzucker besieben und mit Zimt/Zucker bestreuen.

Strauben

Zutaten:
30 g Butter
1 Prise Salz
evtl. 20 g Zucker
80 g Mehl
1 TL Rum
2 Eier
Zimt & Zucker
etwas Öl
zum Einpinseln

Für den Brandteig 125 ml Wasser mit Butter, Salz und evtl. Zucker zum Kochen bringen. Mehl und Rum auf einmal in heiße Flüssigkeit geben. Mit dem Kochlöffel kräftig verrühren, bis sich ein Kloß bildet, und weiter den Topf auf der heißen Platte lassen, dabei weiter den Teig mit dem Kochlöffel schlagen, bis sich auf dem Topfboden eine weiße Schicht bildet. Topf von der Kochstelle nehmen, nach und nach die Eier mit dem Handrührgerät unterrühren, bis eine geschmeidige Masse entsteht. Festes Backpapier in 10 x 10 cm große Vierecke schneiden und mit wenig Öl einpinseln. Den Brandteig in einen Spritzbeutel mit Sterntülle füllen und Ringe auf das vorbereitete Backpapier spritzen. Diese Brandteigringe mit dem Papier in 160 Grad heißes Fett halten, damit sich die Ringe lösen. Die Strauben hellbraun backen. Aus dem Fett nehmen und mit Zimt/Zucker bestreuen.

Tipp

Mit Glühwein servieren.
Bei Schmalzgebackenem am Anfang den Topf zudecken,
dann geht das Gebäck besser auf und bäckt gleichmäßiger.

Wespennester

Zutaten:
500 g Mehl
etwas Milch
1 Prise Salz
3 Eigelb
1 TL Backpulver
2 Eiweiß
Frittierfett
Zimt & Zucker

Mehl, Milch und Salz zu einem glatten Teig verarbeiten. Eigelb, Backpulver und den steif geschlagenen Eischnee unterheben. Nun wird ein Kochlöffelstiel ca. 2 cm tief ins heiße Fett getaucht, dann in den Teig und wieder ins heiße Fett. Sobald der Kloß bräunt, taucht man ihn unter Drehen wieder in den Teig und dann sofort wieder in das Fett. Dieser Vorgang wird fünf- bis sechsmal wiederholt. Der Kloß wird nach äußerer, knuspriger Bräunung vom Stiel gezogen. Zuletzt werden die Wespennester mit Zucker und Zimt bestreut.

Tipp

Mit Glühwein servieren.

Desserts

Zutaten für das Mandelkrokant:
- *1 TL Butter*
- *1 TL Zucker*
- *3 EL Mandelblättchen*

Für die Creme:
- *200 g Mascarpone*
- *100 g Crème fraîche oder Schmand*
- *2 EL Zucker*
- *1 P. Vanillezucker*
- *5 EL Milch*
- *3 EL Eierlikör*

Für die Fertigstellung:
- *1 Tasse Kaffee*
- *ca. 15 Löffelbiskuit*
- *5 EL Apfelmus*
- *etwas Kakao*

Apfel-Tiramisu

Für den Mandelkrokant Butter erwärmen, bis sie flüssig ist. Zucker zugeben und leicht karamellisieren lassen. Mandelblättchen zugeben und leicht bräunen lassen. Fertigen Krokant auf einer Alufolie verteilen und auskühlen lassen. Für die Creme alle angegebenen Zutaten miteinander cremig verrühren. Die Tasse Kaffee zubereiten und auskühlen lassen. Löffelbiskuit beidseitig in Kaffee eintauchen und in eine Form legen. Apfelmus auf die Löffelbiskuits geben und verteilen. Mandelkrokant darüberstreuen. Die Creme darüberstreichen und mit Kakao bestäuben. Mindestens 1 Stunde kalt stellen.

Tipp

Besser über Nacht im Kühlschrank durchziehen lassen.
Nach Belieben etwas Mandelkrokant für die Dekoration beiseite stellen.

Apfeltaschen

Zutaten für den Teig:

250 g Mehl
3 gestrichene TL Backpulver
1 P. Vanillezucker
1 Prise Salz
250 g Quark
150–200 g Butter

Für die Füllung:

250 g Äpfel
25 g Zucker
25 g Sultaninen
25 g gem. Mandeln

Für die Fertigstellung:

Eigelb nach Bedarf
100 g Puderzucker
1–2 EL Zitronensaft

Für den Teig Mehl und Backpulver vermischen. In der Mitte Vertiefung eindrücken, Vanillezucker, Salz, Quark und in Stücke geschnittene Butter hineingeben. Man bedeckt die Zutaten in der Mulde mit Mehl und verknetet sie von der Mitte aus zusammen. Für die Füllung Äpfel schälen, vom Kerngehäuse befreien und in dünne Scheibchen hobeln. Man vermischt sie mit Zucker, den Sultaninen und den gemahlenen Mandeln. Den Teig ½ cm bis 1 cm dick auswallen und runde Kreise in Größe einer kleinen Untertasse ausstechen. Man belegt die Kreise mit Füllung und legt sie auf die Hälfte zusammen.
Mit Eigelb bestreichen. Zuerst 5 Minuten auf 200 Grad Umluft backen. Dann zurückschalten auf 180 Grad und goldbraun backen. Puderzucker mit Zitronensaft mischen und die abgekühlten Taschen mit Zitronenpuderzuckerglasur bestreichen.

Tipp

Statt den Teig mit den Händen zu verkneten, kann man auch kurz das Handrührgerät zu Hilfe nehmen.

Tipp

Diese Creme ist auch als Belag auf Mürbeteigkuchen gut geeignet. Hierfür 6–8 Blatt Gelatine verwenden. Statt Aprikosen eignen sich auch Pfirsiche, Himbeeren oder Johannisbeeren.

Aprikosen-Rahm-Creme

Zutaten:
500–750 g frische, gut reife Aprikosen
Saft von 1–2 Zitronen
100–150 g Zucker
evtl. 1 Glas Weißwein
5–6 Blatt Gelatine
250 ml Sahne oder Crème fraîche
Früchte
Schlagrahm zum Verzieren

Sehr reife, weiche Früchte waschen, mit kochendem Wasser überbrühen und häuten. Entsteinen und im Mixer zu Mark verarbeiten. Mit Zitronensaft und Zucker schaumig schlagen. Eventuell mit Wein abschmecken. Gelatine nach Vorschrift zubereiten. Lauwarme Gelatinelösung unter die Fruchtmasse schlagen, die nicht eiskalt sein sollte. Die Masse in den Kühlschrank stellen. Sobald Masse deutlich zu steifen beginnt, steifen Schlagrahm unterheben. In Dessertschälchen abfüllen und vollständig steifen lassen. Mit Sahnetuffs und Früchten garnieren und kalt servieren.

So verarbeitet man Gelatine richtig:

- Einweichen: Gelatineblätter ca. 5 Minuten in kaltem Wasser einweichen.
- Auflösen: In einem Topf 1 EL Wasser erhitzen, Topf von der Platte nehmen. Eingeweichte Gelatineblätter ausdrücken und im Wasser auflösen. (Gelatine nie erhitzen.)
- Angleichen: 2 EL von der kalten Creme in die aufgelöste Gelatine einrühren. Anschließend das Ganze zurück in die kalte Creme rühren.
- Ansteifen: Creme in Kühlschrank stellen, bis die Creme am Rand leicht ansteift. Nun steif geschlagene Sahne unterziehen.

Beerentraum

mit Allgäuer Beeren

Zutaten:

200 g Mascarpone
200 ml Sahne
1 P. Vanillezucker
60 g Puderzucker
10–20 Löffelbiskuits
300 g gemischte Beeren
1 Pk roter Tortenguss

Zuerst den Mascarpone, die flüssige Sahne, den Vanillezucker und den Puderzucker cremig rühren. Eine Auflaufform bereitstellen und abwechselnd die Mascarponecreme und die Löffelbiskuits einschichten. Als oberste Schicht die Creme einfüllen und die Beeren darübergeben. Den Tortenguss nach Packungsanweisung zubereiten und auf den Beeren verteilen.

Tipp

Am besten am Vortag zubereiten und über Nacht gekühlt gut durchziehen lassen. Die Beeren können gefroren oder frisch sein, dabei die gefrorenen Früchte ohne Auftauen daraufgeben. Als Beeren eignen sich zum Beispiel Brombeeren, Johannisbeeren, Himbeeren, Erdbeeren, usw.
Um eine normale Auflaufform voll zu machen, benötigt man die doppelte angegebene Zutatenmenge. Allerdings reicht dies dann auch für 8 Personen.

Bratapfel

Zutaten:

4 Äpfel
2 EL Rosinen
2 EL Apfelsaft
2 EL Honig
2 EL gemahlene Nüsse
1 Prise Zimt
etwas Butter
Fett für die Form
etwas Puderzucker

Äpfel waschen und das Kernhaus entfernen. Rosinen mit warmem Wasser waschen. Abtropfen lassen und in dem Apfelsaft ca. 10 Minuten einweichen. Rosinen in ein Sieb geben und gut abtropfen lassen. Rosinen mit Honig, Nüssen und Zimt vermischen. Auflaufform einfetten und die Äpfel hineingeben. Die Äpfel mit der Nuss-Rosinen-Masse füllen. Auf jede Füllung eine Butterflocke geben. Im vorgeheizten Backofen bei 180 Grad Umluft ca. 30 Minuten backen. Die noch warmen Bratäpfel mit Puderzucker besieben.

Tipp

Lauwarm mit Vanillesoße oder 1 Kugel Vanilleeis servieren.

Brombeer-Joghurt-Creme

Zutaten:
250 g frische Brombeeren
4 EL Puderzucker
400 g Naturjoghurt
1 unbehandelte Limette
6 Blatt Gelatine
1 P. Vanillezucker
150 g Schlagsahne

Die Brombeeren mit dem Puderzucker in einem Topf einmal vorsichtig aufkochen und abkühlen lassen. Durch ein Feinsieb streichen. Den Joghurt mit dem Fruchtmark und dem Saft einer halben Limette verrühren. Die Gelatine für ein paar Minuten im kalten Wasser einweichen, gut ausdrücken und in einen Topf geben. Den Vanillezucker sowie einen EL Joghurt untermischen und alles langsam erwärmen – aber nicht kochen –, bis sich die Gelatine komplett aufgelöst hat. Danach die Gelatinemischung unter die Brombeer-Joghurt-Masse heben. Die Sahne steif schlagen und ebenfalls unter die Joghurtmasse heben. Die Masse in kalt ausgespülte Dessertringe, Timbaleförmchen oder Silikon-Muffin-Förmchen füllen. Mit Frischhaltefolie bedecken und im Kühlschrank kalt stellen. Die restliche Limette in dünne Scheiben schneiden und als Garnitur verwenden.

Tipp

Besonders gut passt hierzu selbstgemachter Minz-Zucker. Dafür einfach so lange frische Minzblätter mit Zucker im Mörser zerdrücken, bis der Zucker grün wird.

Buttermilch- & Schokocreme-Nockerl an Beerenspiegel

Zutaten für die Schokoladencreme:

1 Tafel Vollmilch-schokolade
70 ml Milch
1 Vanillezucker
2 Blatt Gelatine
1 Becher Sahne

Für die Schokoladenmousse Schokolade in der Milch zerbröckeln und Vanillezucker dazugeben. Alles vorsichtig erwärmen, bis sich die Schokolade gelöst hat. Gelatine nach Packungsanleitung zubereiten und in der Masse auflösen. Anschließend Creme leicht auskühlen lassen bis der Rand leicht ansteift. Sahne steifschlagen und unter die Creme ziehen (Rest zum Verzieren). Creme mindestens 1 Stunde – besser länger – kalt stellen.

Für die Buttermilchcreme:

200 ml Buttermilch
1 EL Zucker
1 Vanillezucker
etwas Zitronensaft
3 Blatt Gelatine
1 Becher Sahne

Für die Buttermilchcreme aus Buttermilch, Zucker, Vanillezucker und Zitronensaft eine Creme rühren. Gelatine nach Packungsanleitung auflösen und unter die Creme rühren. Im Kühlschrank leicht ansteifen lassen.Sahne steifschlagen und unter die Creme ziehen (Rest 1/3 zum Verzieren). Mindestens 1 Stunde – besser länger – kalt stellen.

Für die Fertigstellung:

300 g Himbeeren
50 g Zucker
etwas Naturjoghurt
Zitronenmelisse
Schokoröllchen

Für die Fertigstellung Himbeeren mit Zucker pürieren. Den Beerenspiegel auf einem großen Dessertteller anrichten. Weiße Streifen mit flüssigem Naturjoghurt durchziehen. Von dem steifen Schokomousse und der Buttermilchcreme mit einem großen Esslöffel helle und dunkle Nockerl abstechen und auf dem Teller anrichten. Mit Zitronenmelisse und Schokoröllchen garnieren.

Erdbeer-Quark-Becher

Zutaten:
500 g Quark
Zucker nach Bedarf
1 P. Vanillezucker
etwas Zitronensaft
etwas Sahne
1 kg Erdbeeren
Sahne zum Garnieren

Den Quark mit Zucker, Vanillezucker und Zitronensaft verrühren. So viel Sahne flüssig einrühren bis die Quarkmasse dicklich ist. Einige Erdbeeren für die Garnitur beiseitelegen. Die Erdbeeren waschen und entstielen. Die Hälfte klein würfeln, die restlichen Erdbeeren im Mixer pürieren. Etwas Quarkmasse in ein Glasschälchen füllen. Zwei Esslöffel gewürfelte Erdbeeren darübergeben, wieder etwas Quarkmasse daraufgeben und mit den pürierten Erdbeeren überziehen. Sahne für die Garnitur steif schlagen, mit Vanillezucker süßen und einen Tuff Sahne auf den Erdbeerbecher spritzen.
Mit Erdbeeren und Schokostreuseln garnieren.

Erdbeercreme
roh gerührt

Zutaten:

500 g Erdbeeren
250 ml Milch
80 g Zucker
6 Blatt Gelatine weiß
1 Blatt Gelatine rot
250 ml Sahne
Pistazien
für die Garnitur

Erdbeeren waschen, entstielen und mixen. Erdbeeren, Milch und Zucker verrühren. Gelatineblätter vier Minuten in kaltem Wasser einweichen, ausdrücken und in einem Topf mit 2 EL heißem, nicht kochendem Wasser auflösen. Die aufgelöste Gelatine in das Erdbeer-Zucker-Milch-Gemisch rühren und im Kühlschrank nur leicht ansteifen lassen. Sahne steifschlagen. Etwas für die Garnitur auf die Seite stellen und die restliche Sahne unter die leicht angesteifte Creme ziehen. Die Creme in Dessertschüssel abfüllen. Mit einem Sahnetuff und Pistazien garnieren. Mindestens 30 Minuten im Kühlschrank kühlen.

Erdbeer-Prosecco-Creme

Zutaten:

500 g Erdbeeren
100 g Zucker
Saft von ½ Zitrone
125 ml Prosecco
5 Blatt weiße Gelatine
1 Blatt rote Gelatine
1 Becher Sahne

Die Hälfte der Erdbeeren entstielen, waschen und pürieren. Die restlichen Erdbeeren für die Garnitur auf die Seite legen. Zucker, Zitronensaft und Prosecco zugeben und unterrühren. Gelatine nach Vorschrift einweichen, auflösen und unter die Creme rühren. Im Kühlschrank leicht ansteifen lassen. Sahne steifschlagen. Etwas für die Garnitur auf die Seite stellen und die restliche Sahne unter die Creme ziehen, in Schälchen abfüllen und kalt stellen. Vor dem Servieren mit Sahnetuffs und Erdbeerhälften garnieren.

Tipp

Sehr gut schmeckt diese Creme auch mit Himbeeren.

Erdbeer-Tiramisu

Zutaten:
500 g Erdbeeren
60 g Zucker
1–2 EL Limettensaft
500 g Quark
1 Becher saure Sahne
1 Becher Schmand
2 P. Vanillezucker
Milch nach Bedarf
1 Packung Löffelbiskuit
Raspelschokolade zum Verzieren

Für das Erdbeermus Erdbeeren waschen. Ein paar Erdbeeren für die Garnitur beiseitelegen, den Rest entstielen und mit etwas Zucker und Limettensaft pürieren. Für die Creme Quark, Sahne, Schmand, Vanillezucker und Milch zu einer dünnflüssigen, glatten Creme verarbeiten. Eine Lage Löffelbiskuits in eine rechteckige Form schichten. Anschließend abwechselnd eine Schicht Creme, eine Schicht Erdbeermus einschichten. Fortfahren, bis alle Zutaten aufgebraucht sind. Mit Erdbeeren und Raspelschokolade verzieren. Danach Tiramisu abdecken und kühl stellen.

Tipp

Statt Löffelbiskuit kann man auch Amarettini und statt Schmand Crème fraîche verwenden.

Grießflammerie

Zutaten:
1 l Milch
125 g Grieß
60 g Zucker
2 Eigelb
50 g Nüsse, gemahlen
30 g Rosinen
2 Eiweiß
1 P. Vanillezucker
Zitronensaft von 1 Zitrone

Milch zum Kochen bringen. Grieß einrühren und auf kleiner Flamme kurze Zeit dicklich quellen lassen. Zucker einrühren. Eigelbe unterrühren. Nüsse, Rosinen, das steifgeschlagene Eiweiß, Vanillezucker und Zitronensaft unter den dicken Grießbrei ziehen. Den Brei in eine mit kaltem Wasser ausgespülte Glasschüssel geben. Oberfläche glatt streichen und über Nacht kühl stellen. Am anderen Tag Rand leicht lösen und stürzen.

Tipp

Mit verschiedenem Obst und Sahne garnieren.

Heidelbeer-Joghurt-Creme

Zutaten:

400 g Joghurt
75 g Zucker
300 g frische Heidelbeeren
einige Tropfen Zitronensaft
6 Blatt Gelatine
20 ml Heidelbeerlikör
200 ml Sahne
8 Löffelbiskuits
Schokospäne für die Garnitur

Joghurt mit Zucker, den pürierten Beeren und Zitronensaft cremig rühren. Gelatine mindestens 4 Minuten in kaltem Wasser einweichen, ausdrücken und bei mäßiger Hitze auflösen. Gelatine unter den Joghurt mischen. Zum Steifwerden kalt stellen. Sahne steif schlagen. Wenn die Creme leicht ansteift, Likör und die Hälfte der steif geschlagenen Sahne unterheben. Löffelbiskuits zerbröckeln und in Gläser füllen. Die Heidelbeer-Joghurt-Creme daraufgießen und zum Festwerden nochmals kalt stellen. Mit Sahne und Schokospänen garnieren.

Joghurt-Flocken-Schaum
an Beerenspiegel

Zutaten:

8 Raffaelokugeln
4 Blatt Gelatine
300 g Naturjoghurt
abgeriebene Schale einer Limette
4 EL Limettensaft
4 EL Puderzucker
6 EL Kokossirup
150 ml Schlagsahne
300 g Himbeeren
Puderzucker zum Süßen
Zitronenmelisse für die Dekoration

Zunächst die Raffaelokugeln hacken. Anschließend die Gelatine in kaltem Wasser einweichen. Den Joghurt mit der Limettenschale, zwei Esslöffel Limettensaft und zwei Esslöffel Puderzucker verrühren. Vier Esslöffel Kokossirup erwärmen, die gut ausgedrückte Gelatine darin auflösen. Kokossirup-Gelatine-Masse unter die Joghurtmasse rühren und kalt stellen. Sahne steifschlagen, etwas für die Dekoration beiseite stellen. Sobald die Creme beginnt anzusteifen, die Sahne mit den gehackten Raffaelokugeln unterheben. Timbaleförmchen oder Silikon-Muffin-Förmchen kalt ausspülen und mit der Joghurt-Flocken-Creme füllen. Mindestens 3 Stunden kühl stellen. Himbeeren mit Puderzucker pürieren. Einen schönen Fruchtspiegel auf einen großen Teller gießen. Mit einem Klecks Sahne schöne Streifen ziehen. Das Joghurt-Flocken-Mousse daraufstürzen und mit Zitronenmelisse garnieren.

Tipp

Am besten stellt man die Joghurt-Flocken-Creme über Nacht kühl.
Statt Himbeeren kann man auch andere Beeren verwenden.

Joghurtmousse an Beerenspiegel

Zutaten
für die Mousse:

½ Becher
Crème fraîche
1 Becher Naturjoghurt
etwas Milch
20 g Puderzucker
4 Blatt Gelatine
Saft von 1 Zitrone
1 Becher Sahne

Für den Beerenspiegel:

300 g Waldbeeren
Puderzucker
zum Süßen
½ Becher Naturjoghurt
etwas Milch

Für die Mousse Crème fraîche mit Joghurt und Puderzucker verrühren. Die eingeweichte Gelatine in lauwarmem Zitronensaft auflösen und unter die Masse rühren. Im Kühlschrank leicht ansteifen lassen. Sahne steifschlagen und unter die angesteifte Joghurtmasse ziehen. In kalt ausgespülte Timbaleförmchen abfüllen und über Nacht kühl stellen. Für den Beerenspiegel einige Waldbeeren für die Dekoration beiseite stellen. Aus den restlichen Beeren und Puderzucker eine Soße pürieren Auf einem großen Teller einen Beerenspiegel herstellen, indem die Fruchtsoße mit einem Löffel auf den Teller drapiert wird. Für die hellen Kreise einen mit etwas Milch verrührten Naturjoghurt in eine Pergamenttüte geben und damit schöne helle Kreise spritzen. Anschließend mit einer Nadel immer in der entgegengesetzten Richtung Streifen durchziehen. Nun das Mousse auf den Teller stürzen und mit den restlichen Waldbeeren garnieren.

Tipp

Waldbeeren wie Himbeeren, Johannisbeeren, Heidelbeeren oder Brombeeren eignen sich für den Fruchtspiegel.

Johannisbeermousse-Törtchen

Zutaten:

500 g frische Johannisbeeren
100 g Zucker
7 Blatt Gelatine
100 g Schmand
200 ml Sahne
Puderzucker zum Verzieren
Schokoraspeln zum Verzieren
Zitronenmelisse zum Verzieren

Einige Johannisbeerträubchen für die Dekoration beiseite stellen. Die restlichen Johannisbeeren putzen und mit Zucker in 100 ml Wasser etwa 10 Minuten kochen. Derweil die Gelatine in kaltem Wasser einweichen. Die Beeren pürieren und anschließend durch ein feines Sieb streichen. Die ausgedrückte Gelatine darin auflösen. Die Masse kühl stellen. Sobald die Masse zum Steifen anfängt den Schmand unterrühren. Die Sahne steifschlagen und vorsichtig unterheben. Die Creme in kalt ausgespülte Timbaleförmchen oder Silikon-Muffin-Förmchen füllen und am besten über Nacht fest werden lassen. Einen großen Teller mit Puderzucker besieben und die Johannisbeermousse daraufstürzen. Mit Schokoraspeln, Zitronenmelisse und Johannisbeerträubchen verzieren.

Lauwarmes Käseküchle
auf Himbeerspiegel

Zutaten für den Boden:
250 g Mehl
1 TL Backpulver
125 g Butter
90 g Zucker
1 Ei

Für die Quarkmasse:
1 kg Quark
100 g Zucker
3 Eier
1 EL Stärkemehl
100 g Naturjoghurt
Vanillezucker
oder Zitronensaft

Für den Boden Mehl, Backpulver, Butter, Zucker und Ei zu einem geschmeidigen Mürbeteig kneten. Den Teig als Boden in eine Silikon-Muffin-Form legen und einen Rand formen. Für die Quarkmasse Quark, Zucker, Eier, Stärkemehl, Joghurt und Geschmackszutaten kräftig miteinander verrühren. Quarkmasse in die einzelnen, mit dem Mürbeteig belegten Muffinformen füllen. Bei 160 Grad Umluft ca. 1 Stunde backen. Himbeeren mit 50 ml Wasser und Zucker zum Kochen bringen und kurz einkochen lassen. Himbeergeist und Zitronensaft dazugeben und abschmecken. Mit der Himbeersoße auf einem Teller einen schönen Fruchtspiegel zaubern und in die Mitte das lauwarme Käseküchle stellen.

Für die Himbeersoße:
150 g Himbeeren
1 EL Zucker
1 EL Himbeergeist
1 EL Zitronensaft

Pfirsichsekt-Traum

Für 6–8 Personen

Zutaten:
1 Dose Pfirsiche
250 ml Sekt
100 g Zucker
6 Blatt weiße Gelatine
2 Becher Sahne
Sahnetuffs
Pfirsichspalten
Minzeblätter
für die Verzierung

Die abgetropften Pfirsiche pürieren, mit dem Sekt und dem Zucker verrühren. Die eingeweichte und aufgelöste Gelatine nach Anweisung zu dem Püree geben. Wenn die Masse zu stocken beginnt, die geschlagene Sahne unterheben. Zum Anrichten die Sektgläser am Rand befeuchten und in Zucker eintauchen. Die Pfirsichesekt-Creme einfüllen. Mit Tuffs, Pfirsichspalten und Minzeblätter verzieren. Das Dessert mindestens 3–4 Stunden kalt stellen.

Tipp

Evtl. bei Dosenfrüchten die Zuckermenge reduzieren.

Sahnemousse
an heimischem Beerenspiegel

Zutaten:
4 Blatt Gelatine
½ Vanilleschote
400 ml Sahne
½ Orange
2 EL Zucker
100 g Mascarpone
250 g Erdbeeren
1 kleine Dose Aprikosen
evtl. Zucker

Gelatine kalt einweichen. Die Vanilleschote aufschlitzen und das Mark auskratzen. Die Sahne mit Vanillemark zum Kochen bringen und von der Herdplatte nehmen. Die ausgedrückte Gelatine darin auflösen. Die Orange fein abreiben und Saft auspressen. Orangenschale, -saft, Zucker und Mascarpone verrühren. Mascarponecreme mit Schneebesen unter die Vanillesahne rühren. In kalt ausgespülte Silikon-Muffin-Förmchen oder Timbaleförmchen gießen und im Kühlschrank etwa 3 Stunden – besser über Nacht – fest werden lassen. Früchte vorbereiten. Getrennt pürieren und Fruchtsoßen bei Bedarf süßen. Auf große Dessertteller schönen Beerenspiegel gießen und Sahnemousse darauf stürzen.

Tipp

Mit Zitronenmelisse oder Schokostäbchen garnieren.
Statt Erdbeeren können auch Himbeeren oder andere Beeren verwendet werden.

Schokomousse an Beerenspiegel

Zutaten:
2 Blatt Gelatine
1 Tafel Vollmilch-schokolade
70 g Milch
1 Vanillezucker
1 Becher Sahne
300 g Himbeeren
Puderzucker
etwas Naturjoghurt

Gelatine kalt einweichen. Die Schokolade in der Milch zerbröckeln, vorsichtig erwärmen, bis sich die Schokolade gelöst hat. Vanillezucker in die Schokomilch rühren. Gelatine in der Masse auflösen. Creme im Kühlschrank leicht auskühlen lassen, bis der Rand der Schüssel leicht ansteift. 2/3 der Sahne steifschlagen und unter die Creme ziehen. Creme mehrere Stunden im Kühlschrank – besser über Nacht – steifen lassen. Sofern die Himbeeren TK-Früchte sind, diese zunächst auftauen lassen. Beeren mit Puderzucker pürieren. Auf einem großen Teller einen schönen Fruchtspiegel herstellen. Mit flüssigem Naturjoghurt in einer Pergamentpapiertüte schöne weiße Kreise ziehen und mit einer Nadel jeweils in die entgegengesetzte Richtung Streifen ziehen. Anschließend mit einem großen Esslöffel dunkle Nockerl abstechen und auf dem Beerenspiegel anrichten.

Tipp

Man kann die Schokomousse auch in kalt ausgespülte Timbaleförmchen gießen und fest werden lassen. Statt der Vollmilchschokolade kann man auch eine weiße Schokolade verwenden und damit weiße Schokomoussenockerl herstellen.
Dazu passt gebundenes Kirschkompott besser.

Schwarzwälder Kirschbecher

Zutaten
für die Sauerkirschen:
½ Glas Kirschen
1 EL Stärke
1 EL Zucker

Für die Quarkmasse:
250 g Quark
3 EL Zucker
1 P. Vanillezucker
etwas Milch
1 Becher Sahne

Für die Sauerkirschen Kirschen abgießen. Kirschsaft auffangen und in einem Topf erhitzen. Stärke, 4 EL Wasser und Zucker miteinander verrühren und in die kochende Flüssigkeit einrühren und aufkochen lassen. Kirschen zugeben und auskühlen lassen. Für die Quarkmasse Quark, Zucker, Vanillezucker und Milch in einer Schüssel verrühren. Die Sahne steifschlagen und die Hälfte zur Quarkmasse geben. Sauerkirschen und Quarkcreme schichtweise in Glaskelche füllen und mit restlicher Sahne verzieren.

Tiramisu mit Kirschen

Zutaten:
1 Glas Kirschen
200 ml kalter Kaffee
70 ml Kirschlikör
500 g Mascarpone
500 g Quark
3 EL Zitronensaft
1 P. Vanillezucker
75 g Zucker
200 g Löffelbiskuits
1 EL Kakao
Amarettini
Melisse zum Verzieren

Kirschen abtropfen lassen. Für den Kaffee-Mix 175 ml Kaffee mit 50 ml Likör verrühren. Für die Creme Mascarpone, Quark, Zitronensaft, Vanillezucker, Zucker, restlichen Kaffee und Likör zu einer Creme verrühren. Die Hälfte der Biskuits in eine Form legen. Mit der Hälfte des Kaffee-Mix beträufeln. 1/3 der Creme und alle Kirschen daraufgeben. Das zweite Drittel der Creme daraufgeben, mit Biskuits belegen und mit Kaffee-Mix beträufeln. Restliche Creme daraufstreichen. 2 Stunden im Kühlschrank kühlen. Besser ist es, das Tiramisu über Nacht durchziehen zu lassen. Mit Kakao und Amarettini sowie Melisse verzieren.

Impressum

Noch Fragen oder Anregungen?
Der direkte Kontakt mit unseren LeserInnen liegt uns sehr am Herzen. Wenn Sie also Fragen, Rückmeldungen, Anregungen, Verbesserungsvorschläge oder Kritik zu diesem Buch haben, freuen wir uns sehr auf Ihre Nachricht. Sie erreichen uns am besten: via Mail allgaeuerin@ava-verlag.de oder telefonisch unter (08 31) 5 71 42-51. Wenn Sie uns im Internet besuchen möchten, dann finden Sie uns unter www.dieallgaeuerin.de

AVA-Agrar Verlag Allgäu GmbH© • 3. Auflage 2016

Herausgeber & Verlag:
AVA-Agrar Verlag Allgäu GmbH
Porschestraße 2 • 87437 Kempten /Allgäu
Telefon: (08 31) 5 71 42-0 • Fax: (08 31) 7 90 08
E-Mail: vertrieb@ava-verlag.de • www.ava-verlag.de

Geschäftsführender Gesellschafter
Dipl.-Ing. (FH) Wolfgang Kühnle

Redaktion & Konzept:
Anita Herta Kößler (verantwortlich), Monika Läufle

Rezepte & Fotos:
Rita Brinz; © famveldman - Fotolia.com (S.8); © Africa Studio - Fotolia.com (S.34); © okkijan2010 - Fotolia.com (S.62); © ddsign - Fotolia.com (S.78); © M.studio - Fotolia.com (S.90); © saharosa - Fotolia.com (S.116)

Layout: Beate Rinninger

Druck:
KKW-Druck GmbH
Heisinger Straße 17 • 87437 Kempten /Allgäu
Telefon: (08 31) 57 50-310 • Fax: (08 31)